RESSONÂNCIAS DA CLÍNICA
E DA CULTURA

CONSELHO EDITORIAL

André Costa e Silva

Cecilia Consolo

Dijon de Moraes

Jarbas Vargas Nascimento

Luis Barbosa Cortez

Marco Aurélio Cremasco

Rogerio Lerner

Blucher

RESSONÂNCIAS DA CLÍNICA E DA CULTURA

Ensaios psicanalíticos

Silvia Leonor Alonso

Ressonâncias da clínica e da cultura: ensaios psicanalíticos
© 2022 Silvia Leonor Alonso
Editora Edgard Blucher Ltda.

Série Psicanálise Contemporânea
Coordenador da série Flávio Ferraz
Publisher Edgard Blücher
Editor Eduardo Blücher
Coordenação editorial Jonatas Eliakim
Produção editorial Ariana Corrêa
Preparação de texto Carolina do Vale
Diagramação Negrito Produção Editorial
Revisão de texto MPMB
Capa Leandro Cunha
Imagem de capa iStockphoto

Blucher

Rua Pedroso Alvarenga, 1245, 4º andar
04531-934 – São Paulo – SP – Brasil
Tel.: 55 11 3078-5366
contato@blucher.com.br
www.blucher.com.br

Segundo o Novo Acordo Ortográfico, conforme 6. ed. do *Vocabulário Ortográfico da Língua Portuguesa*, Academia Brasileira de Letras, julho de 2021.
É proibida a reprodução total ou parcial por quaisquer meios sem autorização escrita da editora.

Todos os direitos reservados pela Editora Edgard Blücher Ltda.

Dados Internacionais de Catalogação na Publicação (CIP)
Angélica Ilacqua CRB-8/7057

Alonso, Silvia Leonor
  Ressonâncias da clínica e da cultura : ensaios psicanalíticos / Silvia Leonor Alonso. – São Paulo : Blucher, 2022.
  194 p. (Coleção Psicanálise Contemporânea)

  Bibliografia
  ISBN 978-65-5506-402-5 (impresso)

  1. Psicanálise. I. Título. II. Série.

22-5202   CDD 150.195

Índice para catálogo sistemático:
1. Psicanálise

A Pedro, Guilherme e Fernando.
Netos queridos que alegram minha vida.

Conteúdo

Introdução		9
1.	A escuta psicanalítica e seus impasses	15
2.	O tempo na escuta do analista	35
3.	"Bons encontros" com o pensamento de André Green	55
4.	"Luto e melancolia": importância e influência do texto freudiano	67
5.	Sexualidade: destino ou busca de uma solução?	87
6.	O conceito de gênero retrabalhado no marco da teoria da sedução generalizada	111
7.	Feminismos, psicanálise e política	131

8. "A vida quer viver...": reflexões sobre os efeitos subjetivos
   da desumanização e as proteções do psiquismo   147

9. A investigação na formação continuada do psicanalista:
   especificidades e relatos de experiências   177

Série Psicanálise Contemporânea   191

Introdução

As subjetividades e a clínica não são as mesmas dos tempos iniciais da psicanálise. As mudanças na cultura, nas formas de viver, morrer, amar e sofrer ecoam nas figuras clínicas que se apresentam, mudando o nosso lugar de escuta e de intervenção. Somos analistas do tempo em que vivemos, não podemos nos pensar sem as suas ressonâncias.

O saber psicanalítico também se organiza a partir das interrogações que o tempo lhe faz, assim como dos limites que este lhe impõe. Por isso é necessário que se responda com a maior seriedade aos sofrimentos deste tempo, mas que se mantenha a abertura para se alongar e se transformar naquilo que ele lhe exige.

Desde as suas origens, a clínica psicanalítica e a teoria que a partir dela se construiu se alongaram, tanto no sentido de incluir a clínica com crianças e com psicóticos, quanto na ampliação do trabalho com grupos e famílias nos territórios em que a escuta psicanalítica se oferece (consultórios, instituições, hospitais, escolas, clínicas públicas, trabalho nas ruas). Ampliou-se no sentido de quem são os escutados, do que se escuta, no diverso do psíquico e na diversidade da cultura.

Na contemporaneidade, um paradoxo que nos marca é: como reafirmar os fundamentos da psicanálise, mas ao mesmo tempo retrabalhar alguns conceitos para mantê-la com sua potência transformadora, tal como os sofrimentos se apresentam na vida e na clínica contemporânea? Como transitar permanentemente na dupla via necessária e sempre presente na construção do pensamento psicanalítico?

Na escuta clínica, a via da singularidade abre portas para acessar algo da ordem da cultura, nos abrindo para as ressonâncias do que ela nos interroga, em relação aos sofrimentos que ali estão, mas que, durante muito tempo, não foram escutados ou não ocuparam um lugar satisfatório nas elaborações teóricas e metapsicológicas.

A dupla mão já estava em Freud, que, ao escutar cada histérica no seu sofrimento e no seu desejo, escutou a "moral sexual" da época e o sofrimento que ela produzia fundamentalmente nas mulheres. Ter passado pela experiência da guerra lhe fez dar a Tânatos um lugar no psiquismo do mesmo status que o da libido na sua segunda tópica. Um eixo fundamental, já que, para a psicanálise, o sujeito se constrói na sua história individual e nas recorrências das pulsões desenhadas no seio do laço social. A escuta está no núcleo da experiência analítica e é um instrumento fundamental de nossa prática, um produto das descobertas teórico-metapsicológicas.

Em cada processo analítico que acompanhamos, deparamo-nos com o desafio de manter a inventividade necessária para que cada processo seja único e inédito. É fundamental que estejamos abertos ao desconhecido e ao prazer das descobertas imprevistas, acolhendo e acompanhando, com a paciência necessária, as repetições daquilo que insiste sem se poder dizer, mas que se revela no sonho e se encobre nos efeitos do recalque e da denegação.

Ao mesmo tempo, poder habitar o vazio e a incompletude é essencial para poder dar conta da clínica do desamparo, tão presente nos dias de hoje. É fundamental uma criatividade na escuta, que nos permita construir teorias ficcionais, para que a catástrofe psíquica não se instale, além de muita paciência para que o amor de transferência possa surgir em meio a tanta pulsão e pouco desejo.

O diverso, no psiquismo, se faz presente na clínica, já que nela não nos deparamos só com o traumático ressignificado, mas também com o traumático que não se consegue ressignificar. Nela, convivem os clássicos neuróticos, com um funcionamento do recalque bem instalado, com aqueles cujas fragilidades egoicas os deixa permanentemente à beira da desorganização ou que tamponam o vazio com a compulsão e com as impulsões.

O trabalho de simbolização significante, não só se oferece à escuta da fantasmática, na qual o mundo desejante se articula, mas também para que aquilo que não tenha palavra abra um espaço na linguagem. O diverso no psíquico nos visita na clínica e nos convoca a diferentes lugares de escuta e de intervenção.

Um dos eixos que juntam alguns dos textos deste livro é o da escuta psicanalítica e a diferença dos dois campos clínicos, que mostram o diverso no psiquismo na multiplicidade das inscrições e das temporalidades. São os campos do representável e do irrepresentável, do figurável e do que não tem figura, os da positividade e das marcas do negativo, que são diferenciáveis nos eixos do espaço e do tempo psíquico. Incluiria aqui: "A escuta psicanalítica e seus impasses", "O tempo na escuta do analista", "Bons encontros com o pensamento de André Green".

A clínica contemporânea também nos coloca em contato com as diversidades na cultura e a multiplicidade do erótico, ampliando o pensamento do analista para a inclusão do laço social.

Nas últimas décadas, o feminino e o masculino mudaram seus lugares sociais, seus ideais estéticos e seus perfis, criando no cotidiano novas formas de prazer e sofrimento. As práticas sexuais e as identidades se diversificaram e as novas configurações familiares mudaram as alianças, as parentalidades e os laços de filiação.

Essas mudanças levaram os analistas a um intenso retrabalho sobre a sexualidade na teoria psicanalítica, a fim de preservar sua centralidade e ao mesmo tempo incluir as ampliações do simbólico sem patologizar, segregar ou invisibilizar as diferenças. Esse retrabalho é discutido nos textos: "Sexualidade: destino ou busca de uma solução?", "O conceito de gênero retrabalhado no marco da teoria da sedução generalizada" e "Feminismos, psicanálise e política".

Mas, quando não se trata das formas eróticas, e sim do império do mortífero nos atos de desumanização dos racismos, sexismos, autoritarismos inseridos no tecido social e nas situações limites de tortura e extermínio, o que a psicanálise tem a dizer? O que pensar a partir das desintrincações pulsionais das identificações e das desidentificações na construção do humano? Como sobreviver à crueldade do social? Essa é a reflexão presente no texto "'A vida quer viver...': reflexões sobre os efeitos subjetivos da desumanização e as proteções do psiquismo".

Finalmente, o texto "Luto e melancolia: importância e vigência do texto freudiano" circula entre o intrapsíquico e o cultural no fenômeno do luto, para voltar à clínica como luto singular do primeiro objeto, devolvendo à palavra sua vida e sua possibilidade de brincar, retirando-a do lugar de "palavra enlutada", segundo a nomeação de Pontalis.

O texto "A investigação na formação continuada do psicanalista: especificidades e relatos de experiência" tece o percurso do trabalho de um grupo que coordeno, desde 1997, no Departamento de Psicanálise do Instituto Sedes Sapientiae, demonstrando a importância da pesquisa na construção de um analista, ao mesmo tempo que permite ver a insistência da violência sobre as mulheres em diferentes contextos.

Textos escritos para serem apresentados em conferências, mesas redondas, congressos ou publicações; portanto, para destinatários diferentes. Decidi juntá-los num livro, porque penso que eles estão atravessados por alguns eixos que os juntam e que dizem a minha posição teórica e ética como psicanalista.

1. A escuta psicanalítica e seus impasses[1]

A psicanálise inaugurou o campo da *escuta*, produzindo uma ruptura epistemológica com o pensamento psiquiátrico do momento, que tinha o "olhar" no centro. No império do naturalismo, o conhecer olhando é o fundamental.

Desde 1882, Charcot, como titular da cadeira de clínica das doenças nervosas da Salpetrière, fazia as apresentações de doentes num seminário semanal observado por médicos de toda Europa e homens importantes da cultura, montando um verdadeiro espetáculo no qual as histéricas, a pedido do mestre, se mostravam, convertendo-se em verdadeiros "quadros vivos", que permitiam a Charcot demonstrar suas hipóteses e precisar as diferenças diagnósticas. A figura olhada sobre o espaço imperava na objetividade positivista.

---

[1] Texto apresentado em uma conferência da instituição Sigmund Freud Associação Psicanalítica (SIG) em Porto Alegre (RS), em 2013. Ele foi construído a partir de vários textos sobre a escuta e a clínica psicanalítica, publicados no livro *O tempo, a escuta, o feminino* (2011), de minha autoria.

No entanto, na escola de Nancy, Bernheim começava a levar em conta o relato dos pacientes. Ambos os mestres influenciaram Freud, mas este consegue realizar rupturas importantíssimas, guiado pelas próprias pacientes que lhe solicitavam que as deixassem falar e contar os seus sonhos, além de resistirem ao sono hipnótico. Assim, Freud foi transformando sua forma de trabalho, abrindo espaço para o "método psicanalítico" e convocando os analisandos a participarem do processo de cura.

Nesta ruptura epistemológica, o campo se expande e se modifica, quando no predomínio do olhar este ficava reduzido ao "dado". Na escuta, ele se faz tridimensional, sendo tecido nas lacunas do discurso. No processo da narrativa e das recordações, a história vai abrindo caminho. A palavra ocupa o lugar central e a escuta da fala do analisando fica no centro da experiência analítica.

Mas a qual *fala* estamos nos referindo? À fala associativa, escutada em atenção flutuante e demarcada pela abstinência do analista. Essas condições ampliam as possibilidades da linguagem, não deixando a fala reduzida à sua intenção de comunicar alguma coisa e lhe devolvendo suas possibilidades de desdobramento, a sua abertura polissêmica. As regras do método retiram a fala do seu lugar "enlutado" e lhe devolvem a possibilidade lúdica, na qual vão se desenhando figuras que chegam à escuta do analista. A fala em associação livre se amplia pela diminuição da censura, tanto naquele que fala quanto naquele que escuta, indo na direção daquilo que excede a ela própria, dizendo mais do que o analisando se propõe a dizer, nas suas lacunas, nas suas repetições e contradições do seu conteúdo. A fala também diz na sua forma: se esvai nos momentos depressivos, se agita na euforia, se paralisa na inibição, se faz fugidia na evitação da angústia. Diz também nas suas brechas, no surgimento do lapso, do sonho, nos seus tropeços. A escuta do analista acompanha acolhendo as vivências afetivas nas quais ressoam os restos de sentido. A fala vai recolhendo fragmentos que estavam esquecidos, recalcados, desmentidos ou desarticulados e que recobram a possibilidade de circularem, sendo assim transformados pelo seu poder metaforizante.

A fala na análise é uma fala em transferência, sendo que cada analisando nos procura a partir do seu sofrimento e nos faz portadores de um saber sobre esse sofrimento, capaz de decifrar os seus enigmas. Quando alguém nos procura, quando se trata de uma situação atinente ao campo das neuroses, o faz motivado por um sofrimento. Um sintoma produz sofrimento e vira enigma. A demanda surge na crença de ter encontrado alguém possuidor de um saber capaz de diminuí-lo. Nos convertem em sujeitos que supostamente sabem de seu sofrimento e em sustentáculos de uma crença de transformação. Como analistas, suportamos este lugar sem nos confundirmos com ele. Para isso se faz necessário uma renúncia narcísica, para não nos convertermos em amos do desejo, virando sugestionadores e encarnando o lugar do ideal, convertendo a análise em pedagogia e num espaço de normatização.

Como analistas, sabemos do método e temos um exercício da escuta, mas o início de cada análise nos depara com o desconhecido do sujeito e dos caminhos a serem seguidos no processo, seja com o primeiro analisando ou já como analistas experientes. É fundamental que consigamos suportar este lugar perante o desconhecido, investindo prazerosamente na busca do desconhecido. Escreveu Aulagnier (1998):

> *. . . sujeito suposto capaz de suportar a situação analítica e suas coerções, mas também, sujeito capaz de encontrar na experiência, momentos de prazer, condição necessária para que possa investir este trabalho psíquico particular que o processo analítico exige. Sem*

> *dúvida, suportar a frustração, a regressão, o não agir, a colocação em palavras, mas também se descobrir capaz de criar novos pensamentos, fontes de prazer, tornando suportáveis as provações e o desprazer que necessariamente a experiência impõe . . . Investir o processo, investir nossa escuta, e o discurso que se lhe oferece é então investir a possibilidade de ter que pensar o inesperado. (p. 25)*

A aposta que fazemos na possibilidade de transformação e o investimento prazeroso na busca do desconhecido, permitem que o próprio analisando vá construindo uma capacidade de manter-se em contato com a fantasia e, a partir dos pequenos restos, vá criando sentidos.

No campo da transferência, o inconsciente insiste em ser escutado na repetição, se fantasiando na trama dos movimentos imaginários e que, aos poucos, vai tecendo o fantasma. No alicerce da palavra está a pulsão, que procura sua satisfação na repetição, e acompanhando-as, podemos rastrear as identificações.

O único destinatário da fala é o analista. Este ocupa o lugar que lhe é solicitado na transferência, sem confundir-se com ele e respeitando a abstinência, pois ao não responder à demanda concreta, ele abre a brecha para o desejo e o espaço que conduz aos fundamentos infantis do amor e suas origens inconscientes.

A construção do campo da escuta: da sugestão à transferência

Freud herdou de seus mestres o método hipnótico e o uso da sugestão, e no início fazia uso deles. Ele dizia que Bernheim mostrara grande conhecimento ao fundar a sua teoria sobre os fenômenos hipnóticos na sugestionabilidade. No entanto, ele não conseguira explicar a sua gênese, além de não haver percebido a relação entre a sugestão e a sexualidade. Freud se dera conta de que apesar de renunciar ao método hipnótico e à ordem sugestiva, não poderia renunciar à importância da sugestionabilidade, entendendo por esta a possibilidade de influência da palavra de um sujeito sobre outro, sem o qual não poderíamos entender o efeito da interpretação. Freud seguiu então dois caminhos: a compreensão da relação entre sugestionabilidade e sexualidade e o aspecto de sugestão no interior da transferência.

Se o conceito de transferência vai ganhando sua importância aos poucos no pensamento freudiano, passando de um lugar periférico para um lugar central, como objeto, motor da cura e instrumento de trabalho, será nos textos de 1912 a 1915 que Freud realizará um estudo detalhado sobre o conceito e sua complexidade, distinguindo três facetas da transferência: a repetição, a resistência e a sugestão, além de seu cruzamento com as teorias da sexualidade e do narcisismo.

O aspecto da repetição leva à sexualidade infantil e sua presença na sexualidade adulta, grande descoberta freudiana, leva à regressão tópica como o caminho que se segue em análise. Da consciência às marcas inconscientes, do processo secundário ao processo primário, do sintoma aos elementos que surgem de sua desconstrução, conduzem-nos até o infantil, a inscrição do vivido em pequenos traços. Por isso, nenhum pequeno detalhe é desprezível na escuta do analista.

A partir de uma escuta das minúcias, vamos recuperando pedaços de tecido nos quais se alojam os lutos, as vicissitudes da sexualidade, as construções e as perdas de objeto. Tudo isso no "campo da transferência", que é criado pelas próprias regras do contrato analítico, no qual, no dizer de Freud, se dirimem todos os conflitos. Ou seja, as regras da associação livre, da atenção flutuante e da abstinência criam o campo no qual o caminho regressivo permite ao inconsciente agir na transferência.

O aspecto da sugestão nos leva à estrutura narcísica da transferência. Quando nascemos, o berço que nos acolhe é o sonho que nossos pais construíram para nós: o berço de ouro, já que ele foi feito a partir do seu próprio narcisismo e dos sonhos que eles próprios não realizaram. Por identificação com esse sonho, construímos em nós o ego ideal, o lugar da perfeição do qual a vida nos vai separando ao longo do tempo, mas que não nos abandona definitivamente e muitas vezes tentamos recuperá-lo na relação com outro: as escolhas amorosas narcísicas, as paixões, a hipnose, a montagem narcísica da transferência.

No início da análise, colocamos o analista no lugar do ideal, o que faz surgir o amor na transferência, que funciona como base da sugestionabilidade. Freud nos lembra que quem ama demanda ser amado. A demanda de amor é acolhida na escuta do analista, mas não respondida, já que isso manteria uma situação especular de continuidade entre analisando e analista, criando um sem saída da estrutura narcísica da transferência.

O analista, ao ocupar o lugar que lhe é dado na transferência, permite o rebaixamento do recalque e a possibilidade de expressão do fantasma de desejo. Será pela abstinência, na não resposta à demanda concreta, que se abrirá o caminho na direção da necessidade e do desejo, que nos levarão aos fundamentos infantis do amor. É o processo de repetir, recordar e elaborar.

O aspecto da resistência: no processo da análise, cada avanço precisa ganhar terreno sobre os próprios recuos, o que levou Marie Moscovici (1990) a comparar o processo de uma análise com o comportamento do salmão, que, na época da desova, sobe o curso das águas na direção das nascentes, em contracorrente, no sentido inverso da queda das cascatas, dando saltos quase impossíveis e alcançando incríveis voos para vencer a força contrária.

As resistências podem vir do lado do divã ou do lado da poltrona. Freud, do lado do analisando, estudou a resistência na forma de transferência erótica, no qual uma analisanda se diz apaixonada pelo analista e quer ser correspondida, sendo este o momento agudo da resistência, já que a associação livre se detém e o desejo de analisar-se desaparece. A realidade psíquica cede o lugar à pessoa concreta do analista e o espaço analítico se fecha, pois se quer obter no real algo que deveria levar a uma recordação e, portanto, mantido no domínio do anímico.

A atenção centrada na figura do analista faz com que as associações parem, detendo a possibilidade do movimento psíquico e de qualquer transformação. Nos jogos transferenciais, a representação dos personagens é múltipla, sendo substituída por uma outra em que a libido se fixa e age como alarme. Freud considera que é nestes momentos de resistência que a análise e a hipnose se aproximam, pois, na hipnose, o hipnotizado mantém seu olhar fixo no hipnotizador.

Às vezes, a resistência se coloca do lado do analista. Neste caso, é ele que avança demasiadamente, ocupando o campo e comprometendo a função analítica. Ou seja, a passagem da sugestão à transferência não é uma questão que ficou para trás, a possibilidade de virarmos sugestionadores está em cada análise. Ainda que as formas de sugestão atuais possam ser mais sofisticadas, é importante levá-las em conta para não cairmos na armadilha.

A sugestão é substituída pela rememoração, mas ela não pode ser confundida com a memória-arquivo. Trata-se de uma memória particular que se constrói na diversidade das inscrições e na multiplicidade de temporalidades. São os pequenos fragmentos de realidade misturados e ressignificados no *après-coup*, nos quais distinguir o que é da fantasia, do real e do sonho não é fácil, mas em todo caso é uma realidade construída nas tramas sinuosas tecidas entre realidade e fantasia.

O analista escuta a partir do lugar de transferência. Ele é quase um resto diurno capturado na migração das pulsões, das representações, das experiências vividas, um destinatário-transitário, como nas palavras de Pontalis (1991). Sendo o único destinatário da palavra na transferência, ele ocupa um lugar central ao redor do qual se montam os circuitos de repetição alicerçados na pulsão. A partir desse lugar, o analista acompanha as repetições, não para explicá-las ao analisando, mas sim para deixar-se tomar pela transferência e no interior dela fazer um deslocamento, a princípio subjetivo, que poderá ser transmitido ao analisando com uma palavra, um gesto, ou às vezes até mesmo por meio do silêncio. É na transferência que o passado, que nunca foi passado, adquire força de atualidade, permitindo que o fixo da repetição abra brechas, inaugurando novas significações e novas interrogações.

Ampliação do campo da escuta: da rememoração ao irrepresentável

Freud, desde o início de sua obra, insistiu no trabalho central da rememoração na análise, visando desfazer os efeitos da amnésia infantil e preencher as lacunas de memória. Ele manteve essa proposta até os tempos tardios, mas ela foi revelando os seus limites ao longo de sua obra. A imagem do arqueólogo que encontra restos preservados das experiências infantis, ou que reconstrói o que existia baseando-se em traços deixados, é uma analogia que aparece constantemente em seus trabalhos, mas ele próprio a reconhece como muito limitada para tratar da complexidade do material psíquico e do trabalho analítico.

A partir de *A interpretação dos sonhos* (Freud, 1900), o analista está colocado diante do texto enigmático. O conteúdo manifesto do sonho que, por efeito da deformação onírica, do deslocamento e da condensação, aparece como uma mensagem cifrada que precisa ser desvendada. A mesma concepção se estende ao sintoma: decifrar um texto enigmático passa a ser tarefa central do trabalho analítico.

Rememorar é tornar consciente o inconsciente, lembrando as vivências e os afetos por elas provocados. Trazer à tona o recalcado a partir dos restos dos sonhos e das associações, permitindo mediante as repetições na transferência, a aparição dos afetos recalcados. Mas o espaço da rememoração vai encontrando limites.

O livro *Mais além do princípio do prazer* (Freud, 1920) apresenta uma dimensão mais estranha e demoníaca, em que as moções pulsionais desligadas e regidas pelo princípio de Nirvana, buscam anular a tensão e encontrar a satisfação imediata, fazendo com que a repetição e a ação ocupem o lugar da fala e da rememoração.

Por outro lado, no texto "Construções em análise", Freud (1937) relativiza a importância da lembrança e reconhece que a convicção é capaz de produzir um efeito análogo à recordação. Reconhece também a existência de um passado anterior à linguagem, que não pode voltar como recordação. Aqui, portanto, a escuta do analista deve mostrar-se disponível para o que não está escrito, abrindo-se para o mundo do irrepresentável. Ao lado da interpretação, a construção fará com que algo antes existente apenas como inscrição sensorial passe a poder desenhar uma figura.

"O trabalho de simbolização significante" implica que o analista se ofereça na sua escuta, como suporte, para que a fantasmática que o mundo desejante articula possa criar novos sentidos, mas também abrir um espaço na linguagem para aquilo que não tem palavra. O analista fará esse trabalho dirigindo-se ao lugar psíquico onde o pulsional traumático insiste, ajudando-o a tornar-se figura.

Presenciamos, assim, uma ampliação do campo da escuta, que não ocorre por um abandono das concepções anteriores. Evidentemente, o que funciona no interior da ordem do princípio do prazer vai continuar a ser trabalhado, assim como o que surgiu como formação inconsciente, o efeito do recalque, permanecerá como objetivo da análise. Mas agora passa a ser necessário, também, acolher o "mais além", para poder se fazer face ao irrepresentável.

No processo de análise, a história põe-se em jogo na transferência. Enquanto os analisandos contam as estórias, eles e os analistas reescrevem a história, que se apresentava deformada pelo processo do recalque, seus silenciamentos e disfarces. Mas, ao mesmo tempo, também escreve nas lacunas onde nada havia sido escrito, desde que se empreenda a construção de uma superfície na qual essa escritura seja possível. O "espaço da borda" em que podem ser produzidos sonhos, brincadeiras, atividades criativas e recursos com os quais se enfrentariam as experiências traumáticas, é às vezes bastante precário ou até mesmo inexistente, sendo necessário favorecer sua construção durante o processo analítico.

Duas formas de funcionamento da pulsão

Freud (1900), em *A interpretação dos sonhos*, constrói um modelo do aparelho psíquico, do funcionamento da escuta e da interpretação desprendida deste funcionamento. O sonho, a partir de seu conteúdo manifesto, produto da deformação onírica e que perpassa as ideias latentes, permite chegar até o desejo inconsciente. Um aparelho psíquico no qual o consciente e o inconsciente estão bem diferenciados, sendo o recalque aquilo que produz essa clara diferenciação. O recalque barra o excesso pulsional. Ele permite a existência de ligações constantes que organizam o "eu" e é básico para a organização do desejo. Esse funcionamento do aparelho psíquico servirá a Freud para explicar as formações do inconsciente: sintomas, lapsos etc., e para pensar o trabalho do analista na sessão.

Por meio do relato em associação livre e da interpretação do analista, ele poderá tornar consciente o inconsciente, lembrando as vivências e os afetos por elas provocados. O recalcado é trazido pelos restos dos sonhos e pelas associações, permitindo, mediante as repetições na transferência, a aparição desses afetos recalcados. Certamente este modelo fora construído por Freud a partir da clínica das neuroses; nelas, a pulsão procura a satisfação no interior do princípio do prazer adiado pelas circunstâncias da realidade. Essa pulsão está articulada na fantasia, tendo o desejo como o fio de ligação, pois nas suas primeiras experiências de satisfação, ele deixou marcas inscritas no psiquismo, criando um circuito de repetição que ele tentará reinvestir.

Estamos no campo da satisfação alucinatória do desejo. No entanto, a repetição regulada pelo princípio do prazer permite substituições e sublimações. O trabalho clínico circula entre a representação de coisa e a representação de palavra.

A partir de 1915, a ideia de repetição vai adquirindo características bem mais demoníacas com o surgimento do conceito de "compulsão à repetição", que, posteriormente, em 1920, inclui a "pulsão de morte".

No além ou aquém do princípio do prazer, no campo do traumático, o funcionamento da pulsão busca a satisfação imediata na mera descarga, não havendo marca de registro mnêmico que permita articular a fantasia e o desejo. Desde o não escrito, desde a mera impressão sensorial, como força pura não ligada à representação, faz primar a ação. São diversos os caminhos que a moção pulsional pode seguir: a descarga no corpo, no ato, a precipitação no alucinatório ou a representação de coisa. Ou seja, agora a questão é se a moção pulsional conseguirá entrar no mundo da representação e na sua transição de um tipo de representação à outra: da de coisa à de palavra. A passagem ao ato e o retorno do mesmo são centrais na compulsão de repetição, que não repete para reencontrar o prazer e sim pela mera pressão da força pulsional, ainda que provoque desprazer. A pulsão na mera descarga evacuativa adquire uma forte potência destrutiva e seu excesso coloca o sujeito em uma posição de extremo desamparo. Estes dois modos de funcionamento serão diferenciadores importantes para pensar os lugares do analista na escuta e na sua forma de intervenção.

Mudanças da clínica: impasses da escuta

Cinquenta anos de clínica me fazem testemunha de mudanças significativas em seu interior. Às vezes, colocadas nas problemáticas, naquilo que é conflito para os analisandos, mas também no funcionamento psíquico e na relação entre as suas instâncias.

Começando pelas formas em que a demanda nos é formulada: em uma vida em que a velocidade e a eficácia são valores que imperam, conviver com as angústias e as tristezas é mal visto. A exterioridade, a imagem e o êxito social prevalecem como valores em detrimento do contato com a interioridade, a preocupação com os vínculos e os cuidados com os afetos. Recebemos, muitas vezes, a demanda de um trabalho que não demore muito, que libere dos sintomas com rapidez e que mostre a sua "eficácia". Isso tem solicitado de nós, analistas, paciência e uma maior delicadeza para que essas pessoas se aproximem da possibilidade de se entregarem ao trabalho de associação livre. Necessitando, muitas vezes, de uma flexibilização significativa no número de sessões, uso ou não do divã e etc.

Em segundo lugar, temos nos deparado com mudanças dos conflitos pelos quais somos procurados. As transformações introduzidas pelo novo mal-estar cultural e seus efeitos na subjetividade, as mudanças dos valores, dos ideais e dos imperativos da cultura têm feito com que as problemáticas trazidas sejam diferentes das de décadas anteriores. Na década de 1970, nós éramos procurados por moças jovens que se debatiam com conflitos sobre a virgindade e que, sem conseguir verbalizar o conflito, atravessadas pelo recalque, traziam sintomas de amenorréias, vômitos, condutas fóbicas e etc., sintomas neuróticos, que surgiam como formação de compromisso. Elas foram marcadas por uma moral sexual herdada do patriarcado, uma estrutura que desde o final do século XIX, estava se fragilizando e entrando em contradição com a proposta da liberação sexual, mas que no nível da subjetividade tinha deixado suas marcas.

Atualmente, somos procurados por um número significativo de mocinhas adolescentes que, sob o mandato da cultura de aproveitar tudo, de gozar tudo e de não desperdiçar nenhuma possibilidade de experiência – nesse caminho de "todo o prazer é meu" –, vivem uma pulsionalidade transbordante que tentam evacuar com cortes no corpo. Ou aquelas que, no conflito entre o "eu" e o "ideal de eu", sendo o ideal o "corpo perfeito" e, portanto, fragilizadas narcisicamente, desenvolvem condutas anoréxicas com as consequentes amenorreias, agora não mais como formações de compromisso.

A sexualidade não deixou de ser conflitiva, mas o conflito não é o mesmo. Na época de Freud, o conflito se dava entre as fantasias sexuais, os desejos de experimentar o prazer e a proibição da cultura, sobretudo para as mulheres, e o mandato de separação do amor e do prazer para os homens. Hoje em dia, responder aos imperativos do gozo irrestrito não deixa de trazer conflito, sobretudo quando se toma consciência dos custos.

Se antes éramos procurados por mulheres que, tendo entrado na vida profissional, se debatiam com as culpas por deixarem os filhos e pelas inibições para desempenhar determinadas funções que solicitavam certa "falicidade", hoje somos procuradas por muitas jovens excelentes executivas, com um desenvolvimento profissional brilhante, mas que sofrem de esterilidade ou não conseguem enfrentar os terrores que a possibilidade de ter filhos provoca nelas.

Os quadros neuróticos como histerias, neuroses obsessivas e fóbicas povoam nossa clínica, mas junto a elas e principalmente na geração dos mais jovens, aparecem novas formas de sofrimento, com problemáticas ligadas ao desamparo, ao excesso e ao vazio, que se tornaram cada vez mais presentes. Recebemos muitos analisandos que vivem situações de extremo desamparo, ameaçados pelo risco de desorganização do "eu". Parte significativa deles são organizações neuróticas que lhes permitem trabalhar, ter relações afetivas, mas que carregam um buraco que preenchem com as compulsões: bebidas, drogas, comida ou com a busca de todo o prazer sem medir os riscos. Uma parte, apresenta um desamparo a partir do qual os fenômenos psicossomáticos e as impulsões irrompem ou fabricam uma couraça, que substitui o corpo pulsional, na tentativa de cobrir o vazio.

Também temos nos deparado cada vez mais com sujeitos que sofreram violências devastadoras, roubos violentos, sequestros, estupros, tendo que lidar com seus efeitos dessubjetivantes. Ainda temos que assinalar as frequentes ocasiões, nas últimas décadas, em que analistas têm sido solicitados junto aos que receberam o impacto de catástrofes sociais. Situações de avassalamento subjetivo, como o terrorismo de Estado ou atentados terroristas, e que não necessariamente remetem a uma falha prévia, mas em uma possibilidade até então existente, que se desvanece por efeito da irrupção do traumático.

Nossas clínicas continuam povoadas de neuróticos, histéricos, obsessivos e fóbicos com recalque bem instalado e com dificuldades no exercício da genitalidade e aspirações muito limitadas pelos medos que vão restringindo suas vidas. Eles dividem o espaço dos consultórios ou das instituições com outros. Suas fragilidades egóicas os deixam permanentemente ameaçados com a desorganização, ou as alterações do narcisismo os deixam encastelados na onipotência, com pouquíssima possibilidade de estabelecer vínculos afetivos, ou mesmo aqueles cujas fragilidades narcísicas os levam a "fechar a boca" nos sintomas anoréxicos e a abri-la demais nos sintomas bulímicos. Eles estão instalados em uma fronteira muito tênue entre o próprio corpo e o do outro. Todos precisam fazer uma separação com o Outro primordial e, na falta dessa separação, organizam estratégias de sobrevivência psíquica para fazer frente aos repetidos traumatismos da infância.

Esse conjunto de situações tem exigido dos analistas um esforço de reflexão a respeito da "metapsicologia dos processos psíquicos do analista na escuta", para retomar uma expressão cunhada por Fédida (1989). Novas interrogações circulam entre os analistas: qual o funcionamento psíquico exigido do analista na escuta quando se trata do irrepresentável? Como se colocar frente ao excesso traumático para criar condições que permitam reconstituir o invólucro que se fragmentou e precisa ser reconstruído? Como trabalhar para direcionar-se ao luto do objeto primordial, cuja não existência leva a atuar permanentemente na destrutividade em relação a si próprio, já que não há separação? Como fazer para, no império do ato, abrir espaço para algum pensamento? Quando Freud tratava dos neuróticos, por exemplo, dos obsessivos, se encontrava com o pensamento que agia como uma verdadeira prisão. Ele falava de uma regressão do ato ao pensamento, mas nesse caso o ato se referia à ação na vida com sentido e com projeto, como por exemplo ir em frente em um projeto de casamento. Hoje, cada vez mais nos encontramos com a situação inversa: o ato permanente, mas ato enquanto mera descarga pulsional, e uma grande dificuldade em abrir algum mínimo espaço para o pensamento.

Gostaria de fazer algumas considerações: entendo que estarmos atentos às mudanças que acontecem na clínica é fundamental para o trabalho e, sendo a escuta nosso principal instrumento, alongá-la para possibilitar caber o novo é fundamental. No entanto, penso que alguns movimentos que vêm acontecendo são para serem pensados. Acredito ser necessário repensar a nosografia clássica e talvez ampliá-la, mas é preciso que isso se faça com um trabalho rigoroso acerca da metapsicologia psicanalítica, não pela incorporação das classificações que vem da psiquiatria, que como sabemos, são classificações por síndromes, conjuntos de sintomas e não constelações metapsicológicas. A incorporação direta que vai se fazendo entre os analistas não ajuda. Por exemplo, existem condutas anoréxicas ou bulímicas que podem consistir em sintomas conversivos e outras que não. Nem todos os chamados de pânico são a mesma coisa, nem sequer o uso das drogas poderia ser pensado como um conjunto. Também não acredito que se deva pensar que agora a psicanálise é outra, ou que há uma nova psicanálise que vai dar conta das novas patologias, e pensar que a insistência das fragilidades ou dos impérios do narcisismo na clínica implica na conversão da psicanálise em uma teoria do narcisismo ou do objeto, até porque não há narcisismo sem sexualidade e não há objeto sem pulsão.

Penso que o arcabouço teórico-metapsicológico da psicanálise é amplo e que certas conceitualizações, que não foram levadas em conta, porque não eram tão necessárias, foram se fazendo muito necessárias para responder aos fenômenos clínicos com os quais nos encontramos todos os dias. Acredito que se trate de alongar e acrescentar, não de reduzir e de escolher um ou outro. Além da representação, o irrepresentável; além do traumático ressignificado, o traumático que não consegue ressignificação; além do recalque, a renegação e as outras defesas mais primárias; além da angústia, a dor. Ou talvez, se trate de pensar como o irrepresentável vai ascender à representação, ou como o meramente traumático vai poder ser ressignificado, ou como a dor vai virar sofrimento.

São muitos os desafios que a clínica do desamparo apresenta para nós. Os famintos de prazer e anestesia, que no caminho curto-circuitado da pulsão, solicitam de nós a capacidade para habitar o vazio e a incompletude, uma vez que estão muito solicitados a preencher alguém. Isso, além da capacidade de escuta criativa para construir teorias ficcionais, que permitam que a catástrofe psíquica não se instale, e muita paciência para que surja um amor de transferência – o que no império da pulsão e da pobreza de desejo não é fácil de acontecer. Fundamentalmente, nos exigem que não os convertamos em "quadros", com o risco de perder aquilo que para nós interessa: a singularidade. Como afirma Kristeva (2002):

> *o certo é que, se um analista não descobre em cada um de seus pacientes uma nova doença da alma, é porque não os escuta na sua verdadeira singularidade . . . do mesmo modo, considerando que para além das nosografias clássicas e de sua necessária reformulação, as novas doenças da alma são dificuldades ou incapacidades de representação psíquica que chegam até a*

matar o espaço psíquico, nós nos situamos no próprio centro do projeto analítico. (p. 16)

Cada análise é singular se o analista não tenta fazer do processo um divã de Procusto, deixando algo de fora ou sem escutar tudo o que não pode ser incluído numa doutrina já pronta; ou tentando um tipo de enquadre que seja totalmente impossível de manter. Como analistas, devemos nos entregar ao desafio de manter viva a inventividade e a criatividade que o processo nos solicita para poder ser único e inédito. Uma situação de risco, mas que é, ao mesmo tempo, de extremo prazer, quando nos lançamos no desconhecido e nos deixamos atingir pelo imprevisto.

Referências

Alonso, S. L. (2011). *O tempo, a escuta, o feminino.* São Paulo: Casa do psicólogo.

Aulagnier, P. (1998). O trabalho da interpretação; a função do prazer no trabalho analítico. In R. Major, *Como a interpretação vem ao psicanalista* (pp.17-38). São Paulo: Escuta.

Fédida, P. (1989). Modalidades da comunicação na transferência e momentos críticos da contratransferência. In P. Fédida, Comunicação e representação (pp. 91-123). São Paulo: Escuta.

Freud, S. (1989). La interpretación de los sueños. In S. Freud, *Obras completas* (Vol. 5). Buenos Aires: Amorrortu. (Obra original publicada em 1900)

Freud, S. (1989). A propósito de um caso de neurose obsessiva. In S. Freud, *Obras completas* (Vol.10). Buenos Aires: Amorrortu. (Obra original publicada em 1909)

Freud, S. (1973a). La dinámica de la transferência. In S. Freud, *Obras completas*. Madrid: Biblioteca Nueva. (Obra original publicada em 1912)

Freud, S. (1973b). Recuerdo, repetición, elaboración. In S. Freud, *Obras completas*. Madrid: Biblioteca Nueva. (Obra original publicada em 1914)

Freud, S. (1973c). Observaciones sobre el amor de transferencia. In S. Freud, *Obras completas*. Madrid: Biblioteca Nueva. (Obra original publicada em 1915)

Freud, S. (1973d). Mas allá del principio del placer. In S. Freud, *Obras completas* (Vol. 18). Madrid: Biblioteca Bueva. (Obra original publicada em 1920)

Freud, S. (1973). Construcciones en análisis. In S. Freud, *Obras completas* (Vol. 23). Buenos Aires: Amorrortu. (Obra original publicada em 1937)

Kristeva, J. (2002). *As novas doenças da alma*. Rio de Janeiro: Rocco.

Moscovici, M. (1990). *A sombra do objeto*. Rio de Janeiro: Jorge Zahar.

Pontalis, J.-B. (1991). *A força de atração*. Rio de Janeiro: Jorge Zahar.

2. O tempo na escuta do analista[1]

> *Cada manhã, ao acordarmos, em geral fracos e apenas semiconscientes, seguramos em nossas mãos apenas algumas franjas da tapeçaria da existência vivida, tal como o esquecimento a teceu para nós. Cada dia, com suas ações intencionais, desfaz os fios, os ornamentos do olvido.*
>
> (Walter Benjamin, 1996)[2]

Ao longo de nossas vidas, vamos guardando lembranças dos vividos, fragmentos do passado que o nosso "eu", na sua inclinação à síntese, encarrega-se de juntar e de ordenar, criando para nós uma ilusão de continuidade. Vamos escrevendo uma biografia possível de contar aos outros, ordenada pelos recalcamentos e com rupturas omitidas por nós. Uma memória construída na dialética entre

---

[1] Texto originalmente publicado em *SIG - Revista de Psicanálise,* em 2012 e em *Psicanálise em Trabalho* (São Paulo: Escuta, 2012) que organizei juntamente a Flávio Carvalho Ferraz e Lucía Barbero Fuks.
[2] Benjamin, W. (1996). *Obras escolhidas. Magia e técnica, arte e política.* São Paulo: Brasiliense.

lembranças e esquecimentos, como afirma Benjamin (1996). Esse acervo nos acompanha e nos tranquiliza em alguma identidade.

É claro que nosso mundo de lembranças é muito maior; na memória associativa proposta pela análise, uma verdadeira floresta coloca-se a nosso alcance: o trabalho da associação livre arboriza e amplia o acesso, abrindo os lugares fechados pelo recalque, reincluindo as rupturas resultantes dos lutos e explorando o mundo fantasístico que tomamos contato sonhando acordados, nos devaneios ou no complexo trabalho de elaboração dos sonhos. O sonho manifesto se constrói recuperando ou interpretando os traumáticos.

Certamente, parte do trabalho da análise passa por recordar os esquecidos, "preencher as lacunas de memória",[3] como diria Freud; o que o leva a construir analogias entre o lugar do analista e o do arqueólogo ou decifrador. Mas nessa viagem de abertura das trilhas associativas, que permitem acolher os pequenos restos que vão sendo incluídos na costura de um sentido, a repetição vai "agindo", solicitando interpretação, elaboração – *durcharbeiten*, palavra em alemão que vem de *Arbeit* (trabalho) e *Bindung* (ligação do que está desligado). Freud (1920) afirma:

> *O enfermo pode não recordar tudo o que nele há de recalcado, talvez justamente o essencial... Pelo contrário, vê-se forçado a repetir o recalcado como vivência presente, em lugar de recordá-lo, como o médico preferiria, na qualidade de fragmento do passado. Esta reprodução... regularmente é encenada no terreno da transferência. (p. 18)*

---

3   As traduções das citações da obra de Freud são todas traduções livres, de minha responsabilidade.

A repetição como compulsão da repetição, ideia já esboçada em "Repetir, recordar e elaborar" (1914).

O lugar do analista decifrador e a recuperação das lembranças tem uma presença importante ao longo do texto freudiano, mas certamente se acrescenta a ele sua função de escrevente, como aquele que terá que convocar o que, no dizer de Pontalis (1994), está "incrustado" e não escrito, o que está "fora do texto" e "fora do tempo". Assim como, figurabilizar aquilo que nunca foi representado e que se manteve como mera impressão sensorial.

Dois campos clínicos, dois funcionamentos psíquicos

Em 1937, Freud publica o texto "Construções em análise", no qual demarca dois campos diferentes presentes na clínica. Um é o campo da rememoração, no qual se transita lembrando os esquecidos, preenchendo as lacunas de memória, valendo-se dos pedaços de lembranças que reaparecem nas associações, nos sonhos, nos restos de afetos sufocados e nas repetições na transferência. No entanto, tal trabalho de rememoração tem seu limite. Freud afirma nesse texto que nem tudo é rememorável numa análise e aquilo que não pode voltar do passado na forma de uma rememoração-lembrança só poderá "voltar alucinatoriamente".

No texto, Freud vai abrindo outro campo no interior da análise, o da "convicção", uma vivência que vai ligando as imagens fortemente investidas,[4] a emergência da pulsão que fica imantada pela figura e a nitidez "quase alucinatória" da imagem. Esse campo de

---

4 Com isso, Freud retoma os "restos hipernítidos" que já tinha trabalhado em "Sobre o mecanismo psíquico do esquecimento" (1898) e "Sobre as recordações encobridoras" (1899).

fenômenos clínicos remete a um campo do psíquico, que se caracteriza como o do mais pré-histórico, quando não se era capaz de linguagem, o desfigurado que agora tenta fazer-se figura. No mesmo texto, Freud incluirá como trabalho do analista na sessão a construção a partir dos "indícios".

A figura do arqueólogo é retomada, mas para circunscrevê-la a um espaço pequeno, no qual o analista e o analisando fazem um trabalho de completar e ensamblar a partir dos restos que, no caso, são restos vivos agindo na transferência. No entanto, a aproximação entre o trabalho do analista e do arqueólogo é limitada, pois, para Freud, o objeto psíquico é extremamente mais complexo do que qualquer objeto material e a reconstrução não é a meta, mas sim um pedacinho do trabalho da análise. Assim, um limite fica marcado ao trabalho de rememoração e de reconstrução, que será completado pelo de construção. A analogia que Freud faz do trabalho da construção relaciona-se à alucinação e ao delírio: "É que fui seduzido por uma analogia. As formações delirantes dos doentes me aparecem como equivalentes das construções que nós edificamos nos tratamentos analíticos" (Freud, 1937b, p. 269). Ele está referindo-se à função restauradora de ambos – delírio e construção – na restituição de uma verdade histórico-vivencial dos tempos mais remotos.[5]

---

5 Tenho na lembrança a discussão que, ao longo de várias décadas, se repetia com frequência entre os analistas em referência ao texto "Construções em análise". Normalmente se retomava o exemplo clínico dado por Freud (1937b): "Você, até o ano x, se considerava o único e irrestrito possuidor de sua mãe. Chegou então um segundo filho e, junto com ele, uma séria desilusão. A sua mãe abandonou você por um tempo, e depois nunca mais voltou a consagrar-se a você com exclusividade. Os seus sentimentos em relação a ela tornaram-se ambivalentes, o pai ganhou um novo significado para você" (p. 263). Tomava-se este trecho como uma prescrição técnica e as discussões se davam em torno das seguintes interrogações: ainda se fazem construções numa análise? Tem algum valor esse tipo de trabalho? Qual o seu efeito clínico? Na década de 1980, num

O esquecido, o recalcado, o não escrito, o não representado estão presentes na clínica cotidiana. Tanto o atendimento de analisandos com organizações psíquicas diversas, quanto os diferentes momentos da análise, confrontam o analista com fenômenos clínicos diferentes e lhe solicitam um lugar distinto na escuta.

---

seminário sobre a linguagem em São Paulo, escutei Pierre Fédida dizer que o pior do texto de Freud era o exemplo clínico, pois não exemplificava nada do substancial colocado no texto. Que substancial era aquele? Certamente se referia à regressão tópica e ao campo do alucinatório, ou seja, aos fundamentos metapsicológicos presentes no texto. Nos últimos anos, vários analistas, no fluxo da retomada do tema, debruçaram-se sobre o texto procurando nele os fundamentos necessários para retrabalhar o conceito de construção em análise, e alguns deles começaram a considerá-lo um momento de inflexão clínica e epistêmica importante no pensamento freudiano. Entre eles, Joel Birman (1994), que entende que a questão da rememoração tinha para Freud, além de um sentido clínico, um sentido epistemológico, funcionava com um valor verificacional. O que o analista falava tinha correspondência com algum real empírico do psiquismo; abrir mão desse conceito não foi fácil, pois implicou uma crise epistemológica na psicanálise. O conceito da repetição em ato na transferência retira a prova documental da rememoração, dirá o autor, num progressivo caminho freudiano no qual a linha do discurso científico neopositivista foi se esvaziando, deixando como prioritária a prática de uma construção interpretativa, até o ponto em que a metapsicologia, a maior representação da cientificidade psicanalítica, não passa de uma feiticeira, ou seja, de um ato de criação e inventividade realizado no caldeirão da bruxa. Para César e Sara Botella (2002), esse texto seria uma virada no pensamento freudiano talvez tão importante quanto a de 1920, pois a introdução dos elementos – convicção, o passado não representado e o trabalho de dois psiquismos (analista e analisando) –, sem que se reduza ao campo da transferência e da contratransferência, abre consequências teóricas e clínicas de grande importância; para os autores a inclusão do eixo "representação-percepção-alucinatório" amplia o campo do trabalho analítico, que não se reduz ao eixo do conflito psíquico, ainda quando o inclui. O texto freudiano foi recuperado por vários autores para retomar o conceito de construção, agora não a partir do exemplo clínico, e sim a partir do campo de teorização sobre o irrepresentável, o alucinatório e o campo da figurabilidade numa análise, conceitos fundamentais na diferenciação de campos que desenvolvo neste texto.

Um número significativo de analistas contemporâneos tem se empenhado em trabalhar a diferença desses dois campos psíquicos que dão lugar a fenômenos clínicos distintos – ainda quando não haja coincidência nas nomeações. São muitos os que têm pensado as diferenças na clínica, seja na forma de intervenção do analista, alguns diferenciando a "interpretação" da "construção", outros "as interpretações simbólicas" das "intervenções analíticas"; seja diferenciando os momentos em que o trabalho consiste na passagem da representação coisa à representação palavra (interpretação simbólica) daqueles em que o caminho é do índice de percepção, do pictogramático – conceito de Piera Aulagnier – ou do inscrito como sensação corporal ao campo da figura ou embrião da representação. Da mesma forma, procuram-se diferenciar metapsicologicamente os campos sobre os quais se está trabalhando: o do "representável" e do "irrepresentável", ou da representação e do indiciático.

Diversos eixos têm sido utilizados pelos analistas para diferenciar esses campos de fenômenos. O eixo das defesas, o do funcionamento ou não do recalque, a diferença do tipo de inscrição psíquica em jogo, a forma de funcionamento da pulsão etc. Eu me valerei do eixo da temporalidade psíquica para mostrar alguns fenômenos diferentes que se apresentam na clínica, assim como o lugar solicitado à escuta do analista. Mas do que estamos falando quando nos referimos ao eixo temporal? Falar do tempo na psicanálise não é falar do tempo da consciência ou da ideia abstrata do tempo, nem do tempo vivido ou cronológico, mas sim de temporalidades diferentes (Alonso, 2011), entendidas como um tipo de funcionamento mental ou uma dinâmica psíquica, que regem as diferentes instâncias psíquicas, mas que, ao mesmo tempo, predominam em algumas formas de estruturação – e isso tem feito falar--se muito, por exemplo, do tempo circular da bulimia, do tempo instantâneo das toxicomanias, da recusa do tempo das perversões, do tempo imediato das neuroses narcísicas e das subjetividades contemporâneas. Não podemos esquecer que Freud, numa das primeiras diferenciações de quadros clínicos, já usava o eixo da temporalidade, caracterizando a neurastenia como neurose *atual,* uma temporalidade sem tempo e diferenciando-a do *tempo do infantil* nas psiconeuroses. Seguindo então o eixo temporal, diferenciarei dois campos na clínica: um no qual é possível o funcionamento do *a posteriori* e outro que corresponde a seu fracasso. Mas quero deixar claro que o traumático está sempre presente, a questão é como este tramita no psiquismo.[6]

O conceito de après-coup *no desenvolvimento freudiano*

O après-coup é um conceito da temporalidade psíquica que quebrou todos os modelos clássicos sobre a temporalidade e fundou a especificidade da causalidade psíquica na psicanálise. Esse termo surgiu da tradução na psicanálise francesa do termo alemão *Nachträglichkeit,*[7] que na psicanálise inglesa foi traduzido como ação diferida, retardada ou preferida. Em vários momentos do

---

6 A nomeação utilizada por S. Le Poulichet (1996), diferenciando o campo do "traumático *a posteriori*" e do "traumático *a priori*", parece-me interessante porque diferencia os dois campos, ao mesmo tempo que mostra que o traumático está sempre presente, ainda quando ele opera ou tramita de forma diferente.

7 J. André (2008, p. 140) faz um esclarecimento interessante em relação ao termo: "*nachträglich*, adjetivo ou advérbio, está em todos os dicionários, mas a psicanálise nada tem a ver com isso. A palavra expressa fortemente a ideia de *atraso*. Receber algo *nachträglich* é recebê-lo com certo atraso como, por exemplo, um pagamento tardio: *nachträgliche Einzahlung*. Literalmente, *nachträglich* é aquilo que é 'trazido depois', *nach*, depois, *tragen*, trazer. Quanto ao termo *Nachträglichkeit*, o substantivo foi totalmente forjado por Freud, além de não dizer nada para um alemão".

pensamento freudiano, o conceito foi desenvolvido; vou me referir a três deles que me parecem fundamentais. Três momentos nos quais o conceito é retrabalhado de acordo com a concepção da sexualidade postulada em cada época.

No caso Emma (Freud, 1895), o conceito aparece pela primeira vez, surgindo como uma teoria sobre a formação do sintoma neurótico, que se forma numa constelação de traços, e se constitui em dois tempos, nos quais o trauma e o traço se juntam (Green, 2001). Todos conhecemos o exemplo da menina que sofre de uma fobia que a impede de entrar na loja sozinha, após ter entrado em uma loja e encontrado os funcionários rindo entre eles e ser tomada por um afeto de terror. Entre o sintoma e a cena existe uma relação pré-consciente. Mais tarde, na investigação, descobre-se uma segunda lembrança: aos 8 anos, entrara numa loja e o confeiteiro beliscou os seus genitais por cima do vestido. Os elementos comuns das duas cenas são o elemento riso (dos funcionários e do confeiteiro) e o elemento vestido. "A lembrança desencadeia um desprendimento sexual (que não era possível no momento do incidente), que se converte em angústia. Com essa angústia, tem medo que os funcionários possam repetir o atentado e foge" (Freud, 1895, p. 401). Fica assim explicado o sintoma fóbico. Mas o *après-coup* não é só a teoria explicativa da formação do sintoma: o que Freud constrói aqui é uma forma de entender a causalidade e a determinação psíquica em que não há um passado único determinando um presente, e sim um encontro entre um anterior que ficou no limbo e não se constituiu como passado e um acontecimento traumático atual que o ressignifica. Trata-se de uma teoria da causalidade que quebra a causalidade linear e que mostra a forma de funcionamento da memória no sujeito, de modo que o passado pode o tempo inteiro se ressignificar.

O tempo do *a posteriori* e o tempo da ressignificação, no qual, num momento posterior, algo pode fazer um sentido inexistente até ali, implica portanto algo do processo da simbolização, de passagem e transformação; mesmo que não se deva esquecer que uma das pernas é da ordem do traumático, o *a posteriori* instaura o recalque e faz surgir o sintoma neurótico. Afirma Freud (1895): "... descobre-se que é recalcada uma lembrança e que só com efeito retardado (*nachträglich*) advém um trauma" (p. 403).

Na medida em que o *a posteriori* exerce no psiquismo uma função de transformação e de criação, ele permite a passagem a um funcionamento psíquico diferente do que existia até o momento, criando outra possibilidade de tramitação do traumático no interior do psíquico.

Em Freud (1895), o conceito de *a posteriori* inclui uma teoria da causalidade psíquica, que reafirma a concepção da retranscrição das inscrições no psiquismo e se configura como um operador de passagem e transformação, afirmando sua capacidade simbolizante e recalcante, ou seja, criativa. No entanto, é importante levantar algumas questões: nesse momento, o conceito está muito ligado a um modelo do desenvolvimento. O desconhecimento, até então, da sexualidade infantil faz com que as coisas sejam classificadas como pré-sexual e sexual. A puberdade, "com as suas aquisições mais desenvolvidas", permitiria um funcionamento até ali impossível. Como alerta André (2008), aqui, o referente é o *imaturo* e a suposta maturidade tem a ver com o tempo cronológico. Esses elementos caminharam bastante no pensamento freudiano, para levar o conceito de *après-coup* a um referencial de atemporalidade inconsciente do infantil – não como infância, e sim como funcionamento psíquico –, e da sexualidade no seu caráter traumático.

Em 1914, Freud escreve "Da história de uma neurose infantil", publicado em 1918. Nesse historial, a sexualidade infantil já está descortinada. Embora a teoria da sedução ainda se mantenha muito atrelada ao factual, o tempo do *a posteriori* é trabalhado em dois momentos, um acontecido na infância e outro na análise. Ao referir-se à infância do jovem russo, Freud diz que ela pode ser dividida em dois momentos: uma primeira fase caracterizada por sua conduta agressiva e sua perversidade, que se estende dos 3 anos e ¼, momento em que acontecera o episódio de sedução da irmã sobre ele aos 4 (Capítulo III), e uma segunda (dos 4 aos 12 anos), na qual predominam os signos da neurose. Será "... um sonho do qual se despertou com angústia" (Freud, 1993, p. 28) o que teria operado a separação. "Não foi um trauma externo e sim um sonho" (Freud, 1993, p. 28). Ou seja, nesse caso é um sonho com sua função simbolizante e recalcante que está colocado no segundo momento da construção do sintoma. Já na análise do sonho, isto é, durante o processo de cura, Freud remete à cena primordial, o coito dos pais – reconstrução freudiana – supostamente presenciado pela criança na tenra infância e que teria deixado impressões só compreendidas por efeito retardado na época do sonho (*nachträglich*). Um segundo momento de posterioridade se dará no contexto da análise. Afirma Freud (1993):

> *Este é simplesmente um segundo caso de posterioridade* (Nachträglichkeit), *efeito retardado. Quando tinha 1 ano e meio, a criança recebeu uma impressão perante a qual não conseguiu reagir suficientemente; só a compreende e é por ela capturado quando esta é reanimada aos 4 anos, e só dois decênios depois, na análise, pode captar com uma atividade de pensamento consciente o que aconteceu dentro dele. O analisando prescinde, pois, com razão, das três fases temporais e introduz seu ego presente na situação do passado longínquo.* (p. 44)

O sonho aqui, como segundo momento, tem para Freud uma função simbolizante de transformação dos indícios do primeiro trauma em figura. A imagem do lobo na árvore "conseguiu reavivar a marca mnêmica, esquecida já há muito tempo, de uma cena que lhe mostrava uma dimensão de satisfação sexual em relação ao pai", e ao mesmo tempo recalcante, "a consequência foi o terror, pavor perante a realização do desejo, e o recalque da moção pulsional que se figurara neste desejo" (Freud, 1993, p. 35).

Em resumo: a) O Homem dos Lobos, com um 1 e meio, recebe uma forte impressão que não consegue compreender e também não consegue reagir; b) tal impressão é reanimada aos 4 anos; c) na análise, "o paciente prescinde das três fases temporais e introduz, com razão, seu ego presente na situação do passado longínquo" (Freud, 1993, p. 44).

Lacan, no *Seminário 1,* retoma a análise do historial, afirmando que o acontecimento com seu valor traumático (olhar a cena do coito dos pais na posição *a tergo*), teria produzido uma efração imaginária que não aparece imediatamente, sendo o sonho de angústia sua primeira manifestação. Introduzindo uma expressão muito interessante – *Prägung* (cunhagem da moeda) – para designar o que se situa no inconsciente não recalcado, "à margem do sistema verbalizado", mas também da "significação" e que ressurge, à medida que o sujeito avança em um mundo simbólico, no campo das significações. A *Prägung* mesma só é alcançada por um jogo retroativo, um *a posteriori* que permite a reintegração do passado (Lacan, 1981, p. 280).

Quando Freud escreve "Análise terminável e interminável" (1937), já havia formulado a concepção da sexualidade fundada traumaticamente, a partir da mãe – que introduz erotismo no corpo do bebê, tramitando pelos gestos e palavras que acompanham os cuidados ao filho e a satisfação das necessidades. Havia também reconhecido a existência do excesso pulsional na reformulação da teoria da angústia – aquilo da pulsão que por estar desligada não cessa, mantendo uma presença atual permanente no psiquismo. Por último, retomara, igualmente, o conceito do recalque originário, e tudo isso parece estar presente quando reformula o *a posteriori*, afirmando: "A retificação, com posterioridade (*nachträglich*), do processo recalcante originário, a qual coloca termo ao hiperpoder do fator quantitativo, seria então a operação genuína da terapia analítica" (Freud, 1937a, p. 230).

O *a posteriori* localiza-se fundamentalmente no processo analítico e tem a função de limitar o excesso. O encontro analítico, ativando *Prägung* e permitindo que ela se inscreva, abre brechas possíveis no campo da significação e da simbolização, construindo história e rememoração.

Sabemos que a origem da sexualidade é traumática, no sentido de exógena, incluída pelo desejo do Outro, e que tramita pelos gestos e pelas palavras que acompanham a satisfação das necessidades, movimentação na qual o corpo do bebê se erogeniza. Há um traumático que faz parte da constituição subjetiva, o simbólico *a posteriori* permite ao sujeito reconhecer o lugar em que ele estava sem sabê-lo, até então. Em Emma, o riso é o símbolo que permite reconhecer o lugar em que estava – o de corpo produtor do gozo do adulto na cena da sedução. No caso do Homem dos Lobos, a partir da figura do lobo na árvore, ele se reconhece no lugar passivo e na satisfação recebida do pai. No funcionamento do *a posteriori* há tempo e há movimento. A reabertura do trauma, perante um novo acontecimento, permite que novas significações sejam introduzidas e que novas respostas apareçam. As *Prägungen* encontram significantes e se inserem na história do sujeito e do desejo. O início de uma análise implica a reabertura de um trauma que inaugura a procura de novas respostas num novo encontro, agora com o analista na transferência.

Duas situações clínicas, duas temporalidades

Foram um sonho e uma fala da analista que permitiram que a análise de M. se iniciasse, depois de um tempo estendido de encontros preliminares em que a acompanhara como testemunha silenciosa. No relato do sonho, ela está no cemitério, anda por um corredor e chega a um túmulo com uma placa com um nome; ao lado há duas árvores, de "folhagem verde muito viva". Ela fala do luto, do enterro e outras associações. Para mim fica a imagem das árvores: a forma com que se refere a elas me faz pensar em duas testemunhas.

Uma frase toma quase por assalto meu pensamento, e lhe digo: "Parece que para enterrar alguém, precisa ter certeza de que permanecerá uma memória viva". Surpreendo-me com o efeito: a expressão do seu rosto muda e pela primeira vez parece descontrair-se; os olhos, que em todo esse tempo estavam embaçados, parecem secar e seus lábios timidamente esboçam um leve sorriso. Nesse momento se instala em mim um enigma: por que minha fala a tinha tocado com tanta força? O que lhe dera o poder de interromper um estado afetivo presente até ali? Que trauma teria se reaberto para permitir o começo de uma análise?

Tinha se passado mais de um ano desde o início de sua análise e não lembro a partir do que, talvez de um sonho, ou de alguma situação vivida, que ela relata um pedaço de sua história: a avó morrera quando seu pai era bebê, a família tratou de não deixar vestígios, nem fotos nem objetos pessoais, nem relatos; se alguma pergunta se formulava, ficava sem resposta. As memórias foram enterradas junto com seu corpo. Uma morte matada. Quando ela nasceu, deram-lhe o nome da avó, tornando-a a única portadora de uma memória que a família tinha sepultado. Mas como era portar um nome que não se acompanhava de imagens nem de relatos portar uma história congelada? O nome era uma espécie de lápide que fixara e cronificara algo do campo das identificações femininas, com a qual se debatia. Era um momento importante de sua análise, que abriu para novas significações, mas me interessa destacar aqui que escutar o relato de sua história remeteu a mim diretamente ao início de sua análise e à minha "fala acontecimento" – e é assim que a nomeio, tanto no sentido da imprevisibilidade com a qual ela me aparecera, quanto por seus efeitos. O efeito da intervenção tinha permanecido para mim como um enigma e agora no *a posteriori* algo do que acontecera nesse início de análise cobrava sentido, ajudando a dissipar o enigma.

Quando o funcionamento temporal do *a posteriori* está presente numa análise, permite um determinado funcionamento no analisando, e, ao mesmo tempo, possibilita que na escuta do analista se instaure o "tempo do suspense e dos enigmas". Nesse tempo em suspensão, quando o campo representacional é o que está em jogo, o analista funciona em atenção flutuante. Isso facilita, para o paciente, o funcionamento da associação livre e a possibilidade de estabelecer ligações com aberturas de sentido, linhas de significação e ressignificação da história singular, enquanto no analista enigmas surgem e se mantêm como fundo sonoro de ressonância, alimentando o motor que permite o prosseguimento da análise.

No entanto, não é sempre que a temporalidade do *a posteriori* funciona numa análise. Há momentos em que o encontro traumático não propicia a abertura do trauma, e sim o seu fechamento. O tempo realmente se detém, e o instante engole o passado e o advir, e o imaginário, em vez de precipitar um simbólico, ativa a *Prägung*, a marca cunhada no corpo, que reaparece como marca sensorial. Faz-se um corte com a história e tudo parece condensar--se num presente de repetição, atualizando uma marca no corpo ou uma imagem do corpo. Estamos na presença de um tempo que é o presente da repetição, sem possibilidade de rememoração, sem fluir associativo possível e sem passado. Às vezes, a regressão não encontra um limite na rememoração e continua até o polo alucinatório do psiquismo, fazendo que aquilo que não pode voltar como rememoração-lembrança volte alucinatoriamente.

B. volta depois de duas semanas de interrupção. As dificuldades em lidar com a ausência da analista não eram novas. Os momentos das férias sempre tinham sido difíceis para B., mas dessa vez fora acrescentado mais um elemento: a gravidez da analista, pouco visível antes da interrupção, se tornou visível agora. Quando a porta se abre, a analista encontra B. com um sorriso nos lábios, mas quando os olhos de B. se dirigem ao corpo da analista, o seu sorriso se congela no rosto. Ela nada diz, apenas entra na sala e deita no divã. Depois de um tempo de silêncio, a analisanda começa a sentir "um forte cheiro de cocô", deixando-a submergida na alucinação olfativa. Falo para a "analista em supervisão" de um excesso, de uma forte emergência de pulsão, e levanto a hipótese de que, perante o traumático da percepção (a visão da barriga grávida da analista), a alucinação surgira numa via regressiva, como um recurso que nega a ausência. Não me refiro somente à ausência pela falta da analista em duas sessões – ela se veria apaziguada pelo reencontro e chegou sorridente –, mas pior do que isso, a ausência na presença, já que a barriga da analista introduzia um outro que a retirava do um. A analista relata que a paciente tinha uma irmã gêmea com quem vivia uma forte rivalidade, já que a esta estava amarrada por uma especularidade forte que, por sua vez, encobria a ausência. Não vivia a ausência da mãe, e sim a presença da irmã que a deixava "sem lugar". Durante a gravidez da qual nascera, numa época em que a ultrassonografia não era utilizada para acompanhar o que acontece dentro da barriga da mãe, a existência de gêmeas não tinha sido percebida. No momento do parto, a irmã nasceu primeiro, chegando ao lugar imaginário criado para um filho durante esse processo; em seguida ela aparecera como surpresa, chegando a um não lugar. Entendo que a experiência perceptiva – ver a barriga da analista – ativara o traumático, mas sem reabri-lo; a alucinação funcionara como defesa contra o traumático de percepção e, em seu caráter mágico, afastou-a da dor do luto que o contato com a ausência implicaria.

A atualidade, a imediatez, o corte com a história, caracterizam essa situação clínica, na atemporalidade própria do traumático. Embora o surgimento da alucinação já seja uma primeira tentativa de ligação do meramente traumático, não há reabertura do trauma e sim seu fechamento que condena a uma repetição sem rememoração. Isso não nega que há uma verdade histórica, como em toda alucinação, mas toda ela está condensada numa marca sensorial: o cheiro. Uma marca que sutura o tempo num presente absoluto.

Claro que o traumático não está referido aqui a uma violência particular de um acontecimento, e sim a uma forma de funcionamento psíquico, a uma dinâmica que podemos definir pela negativa, no sentido da não ligação ou não representação. Ou seja, algo do vivido que produz um estado de "desamparo", como o definiu Freud (1925). Aquilo que é capaz de ativar uma emergência de pulsão, que encontra o ego num estado de desamparo, de não possibilidade de ligar a representações coisas ou palavras e, portanto, de reger-se pelas leis da condensação e do deslocamento, fica como excesso.

Em momentos nos quais o não ligado, o não metabolizado se apresenta na sessão, seja na forma de estados de desorganização, de alucinação ou de mero indício em que o mero encontro traumático não reabre a questão do desejo e só reforça a condensação primeira (o não lugar), a introdução apressada do símbolo seria ineficaz. Faz-se necessário construir pontes com o real vivido, construir figuras que possam imantar o excesso de pulsão, pinçar os traços que permitam redesenhar a moldura do "eu", encontrando "representações fronteiras".[8] A própria escuta do analista não poderá se entregar ao tempo do suspense na espera de que, pelas associações, os enigmas se liguem na história. Ela terá que agir num presente imediato e oferecer alguma figura que imante o movimento pulsional à experiência sensorial, para dar-lhe alguma imagem que funcione como ponte, uma "representação fronteira" – voltando ao conceito de Freud –, que tem uma perna na lacuna do "irrepresentável" e outra na representação. Momentos que exigem da escuta do analista boas condições de regressão tópica e de figurabilidade para alcançar o sofrimento do paciente, lá onde ele está. Por isso, a analogia sobre o analista que ocorria a Freud, no texto das construções, era a do delírio, no sentido do restauro. Algo precisa ser construído, algo da positividade.

Entendo que a necessidade de delimitação dos campos e de reflexão sobre a metodologia de trabalho, que ocupa um lugar tão importante para os analistas contemporâneos, produziu-se por vários motivos: a ampliação do trabalho da clínica, que incluiu o trabalho com crianças pequenas ou com patologias mais graves; a mudança de patologias e subjetividades na contemporaneidade; e o próprio aprofundamento das análises. O trabalho com pacientes psicóticos, *borderlines*, com patologias narcísicas, transtornos graves da infância e, alguns momentos nas análises de pacientes neuróticos, dadas as temporalidades circulares, imóveis, aderidas ao concreto do relógio e instantâneas, solicitam a escuta do analista em ressonâncias diversas e complexas.

---

8   Conceito introduzido por Freud (1896, p. 269).

Referências

Alonso, S. (2011). *O tempo, a escuta, o feminino*. São Paulo: Casa do Psicólogo.

André, J. (2005, dezembro). O acontecimento e a temporalidade: o *après-coup* no tratamento. *Ide, 47*(31), 139-167.

Birman, J. (1994, março). A clínica na pesquisa psicanalítica. *Atas do 2º Encontro de Pesquisa Acadêmica em Psicanálise. Psicanálise e Universidade.*

Bleichmar, S. (2011). Ampliar os limites da interpretação em uma clínica aberta para o real. *Revista Brasileira de Psicanálise, 1*(45), 179-191.

Botella, C., & Botella, S. (2002). *Irrepresentável*. Porto Alegre: Criação Humana.

Freud, S. (1993a). Proyecto de psicología. In S. Freud, *Obras completas* (Vol. 1). Buenos Aires: Amorrortu. (Obra original publicada em 1895)

Freud, S. (1993b). Manuscrito K: Fragmentos de la correspondencia con Fliess. In S. Freud, *Obras completas* (Vol. 1). Buenos Aires: Amorrortu. (Obra original publicada em 1896)

Freud, S. (1993c). Sobre el mecanismo psíquico de la desmemoria. In S. Freud, *Obras completas* (Vol. 3). Buenos Aires: Amorrortu. (Obra original publicada em 1898)

Freud, S. (1993d). Sobre los recuerdos encubridores. In S. Freud, *Obras completas* (Vol. 3). Buenos Aires. Amorrortu. (Obra original publicada em 1899)

Freud, S. (1993e). De la historia de una neurosis infantil. In S. Freud, *Obras completas* (Vol. 17). Buenos Aires: Amorrortu. (Obra original publicada em 1915)

Freud, S. (1993f). Más allá del principio de placer. In S. Freud, *Obras completas* (Vol. 18). Buenos Aires: Amorrortu. (Obra original publicada em 1920)

Freud, S. (1993g). Inhibición, síntoma y angustia. In S. Freud, *Obras completas* (Vol. 20). Buenos Aires: Amorrortu. (Obra original publicada em 1925)

Freud, S. (1993h). Análisis terminable e interminable. In S. Freud, *Obras completas* (Vol. 23). Buenos Aires: Amorrortu. (Obra original publicada em 1937)

Freud, S. (1993i). Construcciones en el análisis. In S. Freud, *Obras completas* (Vol. 23). Buenos Aires: Amorrortu. (Obra original publicada em 1937)

Green, A. (2001). *El tiempo fragmentado*. Buenos Aires: Amorrortu.

Lacan, J. (1981). *El seminario, Libro 1: Los escritos técnicos de Freud*. Buenos Aires: Paidós.

Le Poulichet, S. (1996). *O tempo na psicanálise*. Rio de Janeiro: Jorge Zahar.

Pontalis, J.-B. (1994). A estação da psicanálise. *Jornal de Psicanálise, 52*(27), 95-102.

3. "Bons encontros" com o pensamento de André Green[1]

> *Um analista não pode prescindir de ser clínico, mas um clínico que possa pensar como pensa a clínica. Mas além dessa viagem com o analisando, na qual ele tem as vezes a sorte de voltá-lo à vida, precisa contar a odisseia e transmitir aos outros o que esse pensamento clínico, único no seu gênero terá lhe permitido entender.*
>
> (Green, 2010, p. 33)

No trânsito permanente entre aquilo que na experiência clínica ressoa em nós e o movimento da busca de palavras, de metáforas, de conceitos que possam ir construindo alguma racionalidade sobre o que fazemos, bebemos daquilo que alguns autores já foram tecendo do "pensamento clínico" e nos ofereceram através dos seus escritos. A partir dessas experiências, vamos formulando algumas questões. Mas, toda busca na psicanálise se faz a partir de algo que

---

[1] Texto apresentado no evento "André Green: diálogos", em 26 out. 2013, organizado pela revista *Percurso* no Instituto Sedes Sapientiae. Publicado originalmente em *Percurso*, n. 55, dez. 2015, pp. 27-32.

fisga o analista e que, certamente, o implica em algo do seu desejo e da sua história.

Ao longo do meu percurso, vários foram os momentos em que encontrei nos escritos de André Green desenvolvimentos conceituais que me foram extremamente proveitosos para poder avançar nas minhas reflexões sobre a clínica. Escolhi dois desses encontros para começar minha fala.

Em 1995, estava trabalhando o tema das inscrições psíquicas e escrevendo um texto sobre a lembrança infantil de Leonardo Da Vinci,[2] quando chegou às minhas mãos um livro de André Green intitulado *Revelações do inacabado*[3] (1994), publicado originalmente em 1992. Um belíssimo texto, cuja leitura prazerosa me deixara ressonâncias significativas. Trata-se da análise de uma obra de Leonardo da Vinci, "O cartão de Londres" (desenho a carvão da Virgem, o menino, Sant'Ana e São João Batista) exposto na National Gallery. No seu livro, Green faz uma análise a partir do *deslumbramento* que viveu ao contemplar o quadro e aquilo que ao contemplá-lo ofereceu-se a ele como *revelação*. Segundo reconhece o autor, seriam as marcas deixadas nele, no momento da contemplação, que animam a análise, havendo algo da *análise* na emoção estética sentida. Trata-se, portanto, da ligação entre a marca e o pensamento.

O texto de Green estende-se na análise da obra, assim como na comparação com outras obras de Leonardo e do lugar deste entre os historiadores de arte, temáticas que trazem aportes importantes para quem se interessa pelos temas da criação ou da articulação entre psicanálise e arte. Mas não foi por esse caminho que o livro

---

2 S. Alonso, Considerações sobre a realidade e a temporalidade a partir de "Uma lembrança infantil de Leonardo da Vinci", in *Freud: um ciclo de leituras*.

3 A. Green, *Revelações do inacabado: sobre o cartão de Londres de Leonardo da Vinci*.

me fisgou, e sim pela temática das *inscrições e a clínica psicanalítica*, algo que também gostaria de recuperar hoje.

Nas convergências e divergências dos olhares entre os personagens do quadro, André Green vai analisando a relação entre as duas figuras femininas e entre as crianças. Ele recupera temáticas interessantes como a separação do menino e da mãe, a alegria da mãe que acompanha o afastamento do menino e sua aproximação do companheiro; o desdobramento da figura da mãe e o duplo da criança entre o messiânico e o carnal, dentre outras.

Mas o que me interessa salientar é a diferença assinalada por Green entre o que acontece na parte superior do quadro – em que as figuras são claras e bem diferenciadas – e na parte inferior, em que Leonardo teria se aproveitado do difuso do desenho a carvão para nos colocar perante uma incerteza. Uma fusão onírica em que o corpo das duas mulheres parece confundir-se formando um tronco único, ao mesmo tempo que um triângulo obscuro, entre as pernas de Sant'Ana, evoca uma caverna pubiana em que parece pender algo que poderia mostrar uma representação simbólica do pênis materno. É justamente nesta incerteza, segundo Green, que algo das profundezas secretas de Leonardo pode aparecer, tratando-se então da emergência de fantasias vindas das estruturas do inconsciente. Leonardo se encontra com Freud, pois nessa obra podem ser lidas as teorias sexuais infantis por ele formuladas. Trata-se aqui, segundo Green, da sexualidade presente na positividade das formas.

No entanto, ele avança descobrindo na obra esboços ainda mais inacabados; tanto a mão esquerda quanto o pé direito de Sant'Ana só têm o contorno desenhado, caracterizando-se pela ausência de cor, de relevo ou de densidade; espaço desprovido de substância, de volume e de relevo. Em resumo, *formas vazias*. "Semelhante efeito de inacabado, como um espelho que só refletisse os contornos de uma imagem, nos leva, a aproximá-lo de uma *alucinação negativa*" (Green, 1994, p. 30), marcas do negativo.

Para Green, não basta se entregar à pesquisa das marcas positivas organizadas misteriosamente como o sorriso enigmático da Gioconda, um eco longínquo do sorriso materno, gravado na própria carne de Leonardo, estabelecendo uma continuidade ininterrupta com o corpo materno numa intimidade indestrutível. "É preciso também considerar a falta de acabamento, aquilo onde só há contorno" (Green, 1994, p. 92).

A pintura é para Leonardo aquilo que, para Freud, seria a representação. Segundo Green (1994):

> *Assim o espaço do quadro seria portador de toda a carne cujas delícias fantasiadas ou nostálgicas o corpo da mãe evoca, no entanto, além se abriria outro espaço onde o figurável não tem mais lugar, e que só ao pensamento caberia construir. Mas a partir do figurável.* (p. 92)

Vemos, então, a diferenciação de dois campos: o do figurável e do não figurável, territórios do informe e do que logra a forma, da positividade das formas e das marcas do negativo. Além dessa diferenciação, quero pinçar desse desenvolvimento duas ideias: a da tela do quadro, que na escrita do autor vai se deslocando para a lembrança-tela e para o espaço psíquico, como sendo a própria tela. De acordo com Green (1994): "A função da tela é ser testemunha muda, receptáculo precário, apoio incerto, guia hesitante ou censor paralisante, mas também, às vezes, maravilhoso revelador. Em resumo, porta-voz sempre ambíguo, dirigindo-se a um destinatário inominável" (p. 94).

A segunda ideia é a do espelho que introduz a alteridade. De acordo com Green (1994), Leonardo recomendava aos pintores terem um espelho plano para que, enquanto pintassem, olhassem com frequência a obra nele, pois ela apareceria no espelho invertida, como se fosse feita pela mão de outro, podendo então o pintor julgar melhor seus erros.

No fundo desse desenvolvimento está para Green o objeto: de um lado a mãe sedutora, que na sua presença alicerça o caminho das fixações, e do outro a privação real da mãe que cria uma ardente nostalgia do que não foi e do que não existiu, podendo essa nostalgia produzir efeitos a ponto de se confundir com o que teve lugar.

Passemos para o segundo momento de encontro ao qual quero me referir: o tema das temporalidades diferentes no psiquismo, que tem sido um tema de meu interesse há bastante tempo e tenho encontrado nele um dos eixos metapsicológicos importantes que fundamentam a clínica e a escuta.[4] Muitos dos autores pós-freudianos, a partir da crítica ao modelo genético do pensamento kleiniano, marcados pela recuperação que Lacan fizera no retorno a Freud do tempo do *a posteriori*, se debruçaram sobre o tema estudando no interior do texto freudiano os diferentes tempos psíquicos. Foi nesse caminho de trabalho que me encontrei com o livro de André Green *O tempo fragmentado*,[5] publicado originalmente em 2000. Um grande achado! A primeira parte do livro é um excelente tratado da chamada "heterocronia fundamental freudiana", que acompanha os diferentes tempos na obra de Freud. Começando com a mistura dos tempos nos sonhos (1900/1989), o tempo *a posteriori* na formação dos sintomas (1895/1989), a atemporalidade do inconsciente (Freud, 1915/1989), o tempo

---

4　S. Alonso, *O tempo, a escuta, o feminino.*
5　A. Green, *El tiempo fragmentado.*

mítico das origens, o tempo da repetição (1920/1989), a verdade histórica (1939/1989) e, finalmente, a descontinuidade do tempo (1925/1989). Uma rigorosa recuperação da densidade e fertilidade do pensamento freudiano.

Mas foi na segunda parte do seu livro, ao tratar da clínica da segunda tópica, que encontrei alguns elementos que gostaria de pinçar. Para Green, na obra de Freud podem-se distinguir dois modelos: o primeiro, o do sonho, que trata de colocar a luz sobre os fantasmas da noite e de levantar as brumas do inconsciente na passagem da representação coisa à representação de palavra; enquanto no segundo modelo, o do ato, cujo eixo está na potencialidade atuante da moção pulsional presente fundamentalmente na compulsão de repetição. A oposição se coloca entre "a extenuação temporária no agir – e a reelaboração representativa" (Green, 2001, p. 103). O mistério é: como o representável advém da moção pulsional, uma vez que ela pode seguir alguns outros caminhos, como as descargas no corpo ou por meio do ato e a precipitação no alucinatório?

A cicatriz da ordem do traumático coloca em xeque o inconsciente vinculado ao princípio do prazer. Disso se depreende que falhas do objeto primário não permitiriam a criação das condições necessárias para a instauração do princípio do prazer. Novamente se delimitam dois territórios. Agora eles se diferenciam do ponto de vista do tempo; de um lado, quando na vida psíquica trata-se de marcas de prazer há fixação. No entanto, a fixação inclui a possibilidade de substituição e de sublimação; há um tempo em movimento, enquanto, no trauma doloroso, a dor parece ser ferozmente imóvel. Na vida psíquica, esse dilema remete diretamente à economia do tempo. Na compulsão de repetição, a tentativa é fazer um vazio no interior do psiquismo, produzindo, assim, um assassinato do tempo. Prima-se um *antitempo* e desfaz-se a trama simbolizante, comprimindo o espaço da representação.

A diferenciação dos territórios, para o autor, também remete ao objeto – o objeto da cobertura, como ele designa – já que a mãe cobre as necessidades da criança, mas também marca com a sua ausência. Segundo Green (2001): "O paradigma do objeto, a saber: ser o agente mais poderoso da estruturação do tempo e instaurar a sucessão de suas aparições/desaparições" (p. 143). Ao objeto corresponde, então, a função da excitabilidade, mas também do limite dela; e, portanto, da instauração da temporalidade, do prazo, da suspensão da descarga, sendo que o que fará possível a objetalização transformadora do funcionamento pulsional é "a intervenção do objeto na sua relação com o tempo" (Green, 2001, p. 112).

Pinçados os elementos nos dois textos, transitei por outros da extensa e complexa obra de Green, e reencontrei esses elementos articulados ao redor da ideia da presença/ausência do objeto na construção do espaço psíquico e nos seus desdobramentos sobre o dispositivo analítico.

Sabemos que o centro do trabalho do autor é o eixo pulsão-objeto. O objeto possui uma dupla função: de um lado estimula e revela pulsão, de outro promove representação, simbolização, ao estabelecer cuidados, ritmos entre ausência e presença, ao tornar tolerável a excitação. Na relação com a mãe, são introjetados os cuidados, o que marca o modelo de uma relação de objeto, mas também se internaliza a estrutura que os enquadra, constitutiva da "categoria intrapsíquica da ausência". Quando se produz a separação do objeto e na tentativa de atenuar os efeitos da ausência, se constitui a "estrutura enquadrante". No reverso da realização alucinatória do desejo, "o objeto primário torna-se estrutura enquadrante do eu abrigando a alucinação negativa da mãe" (Green, 1988, p. 274).

Assim, se constrói o espaço psíquico, um espaço branco que pode emergir no fundamento da identificação e onde podem surgir as representações, *a tela*, que pode ser preenchida pelas fantasias.

De acordo com Green (1988): "O espaço assim enquadrado constitui o receptáculo do Eu, circunscreve o campo vazio a ser ocupado pelos investimentos eróticos e agressivos sob a forma de representações de objeto ... e desempenha o papel de matriz primordial dos investimentos" (p. 254). Constitui-se, então, a base do psiquismo que permite a separação em relação ao objeto; quando as condições são favoráveis à separação entre a criança e a mãe, ocorre uma mutação fundamental no interior do eu, o objeto primário da fusão vai se apagando para dar lugar aos investimentos fundadores do narcisismo. O autoinvestimento narcisista constrói uma condição de reflexividade e de autorreconhecimento, que são condições básicas do pensamento e da subjetivação. Cito Green (2008): "a mãe é presa no quadro vazio da alucinação negativa e torna-se estrutura enquadrante para o próprio sujeito. O sujeito se constrói onde aconteceu a investidura e não o investimento do objeto" (p. 140). *O quadro* oferece a garantia da presença materna na sua ausência. Temos aqui o trabalho do negativo na sua positividade, a construção do psiquismo e do sujeito. As representações da mãe se projetam no interior dessa estrutura enquadrante.

"Para que o objeto fantasmático possa fazer ouvir, através dele, o barulho da vida e a ação de Eros, necessita que previamente o objeto de apoio tenha cumprido a sua função" (Green, 2001, p. 135), ou seja, que se tenha criado a moldura do quadro. Isso só é possível quando o amor de objeto é suficientemente seguro para desempenhar o papel de continente do espaço da representação. Mas também será fundamental que o ritmo da ausência permita que a perda se acompanhe pelo luto do objeto.

Agora, quando nenhum *luto* é possível, o objeto nunca pode estar ausente e, portanto, não pode ser pensado. Sem ele, o sujeito pode ser levado à evacuação de si próprio com angústias avassaladoras e repetições muito mortíferas, afetando não só o espaço, mas o tempo, criando *tempos mortos* em que não seja possível a simbolização.

Do sucesso ou fracasso na instauração da estrutura enquadrante se desprendem dois territórios diferentes na clínica. Na primeira delas, o enquadre fica como "quadro silencioso que se faz esquecer, está como ausente" (Green, 1990, p. 68), o que dá a possibilidade de adentrar os conflitos intrapsíquicos entre as instâncias, podendo o analista acompanhar os processos fluidos que podem acontecer com certa clareza. O enquadre pode ser utilizado como espaço potencial para a simbolização. Ao mesmo tempo que as teorias sexuais infantis – estruturas narrativas interiorizadas que se referem às sexualidades combinadas das crianças e os pais – juntam em uma "forma algo do informe", a partir do que ficou inscrito dos objetos. São as formas na sua positividade, no território do representável.

Numa segunda situação clínica, o enquadre "faz sentir sua presença" (Green, 1990, p. 69), sobretudo no analista que sente a necessidade de preservar a situação analítica de ameaça, impondo a ele próprio esforços de imaginação. Ao passo que chegam ao analista sensações que não se traduzem numa imagem nem lembrança de algo falado na cura, cabe a ele alcançar algo análogo a uma representação alucinatória do desejo. Chegam impressões pouco claras, informes, mas que mobilizam todas as formas de pensamento das mais elementares às mais evoluídas, exigindo um trabalho de simbolização do analista. Estamos no "vazio das formas", onde corresponderá a ele "desenhar imagens", pois estamos no campo do irrepresentável. Em um dos casos, é preciso dar um continente para o conteúdo, mas no outro é necessário também um continente para o continente.

Para finalizar, voltemos ao espelho que, para Leonardo, introduzia a alteridade. Quando falamos do espelho, Green dirá que não podemos esquecer que entre o objeto e a imagem existe um elemento terceiro que é o próprio espelho. Na situação analítica, o enquadre interno do analista, constituído a partir de sua análise pessoal e da experiência acumulada com outros pacientes, representa o elemento terceiro e realiza um trabalho de espelho muito importante, sobretudo nos analisandos não neuróticos. A estrutura enquadrante do analista, por via de sua análise, se torna fonte de uma nova reflexividade. A verbalização introduz para Green um elemento terceiro na dualidade da comunicação.

Nesse longo caminho, partindo do informe, vai-se em direção ao surgimento de alguma figura. Green alerta sobre a delicadeza com que o silêncio deve ser tratado no atendimento de pacientes mais graves, pois trata-se de ajudar a construir "uma investidura positiva do espaço vazio". Ou seja, uma suportabilidade da ausência, por isso não se pode entupir todo o espaço da sessão de falas nem tampouco silenciar de maneira absoluta, pois em muitos destes casos o silêncio é vivido como silêncio de morte,[6] sendo esta mais uma das dificuldades com que um analista tem que se haver na condução da cura.

É assim que se vai construindo o que o autor chama de pensamento clínico. Esse "modo original e específico de racionalidade surgido da experiência analítica" (Green, 2010, p. 12), que remete à atividade de relação entre os diversos regimes das diferentes instâncias psíquicas. Para isso será necessário que, na cabeceira do divã, o inconsciente do analista vibre deixando ressoar o inconsciente do analisando, que se deixe transformar pela experiência transferencial e contratransferencial. Um analista implicado que

---

[6] A. Green, *De locuras privadas*, p. 84.

não converta a teoria em doutrina. É essa a proposta que André Green nos deixou.

Referências

Alonso, S. L. (1997). Considerações sobre a realidade e a temporalidade a partir de "Uma lembrança infantil de Leonardo da Vinci". In S. L. Alonso & A. M. Siqueira (org.), *Freud: um ciclo de leituras*. São Paulo: Escuta.

Alonso, S. L. (2011). *O tempo, a escuta e o feminino*. São Paulo: Casa do Psicólogo.

Freud, S. (1989a). Proyecto de psicologia. In S. Freud, *Obras completas* (Vol. 1). Buenos Aires: Amorrortu. (Obra original publicada em 1895)

Freud, S. (1989b). La interpretación de los sueños. In S. Freud, *Obras completas* (Vol. 1). Buenos Aires: Amorrortu. (Obra original publicada em 1900)

Freud, S. (1989c). Trabajos sobre metapsicología. In S. Freud, *Obras completas* (Vol. 14). Buenos Aires: Amorrortu. (Obra original publicada em 1920)

Freud, S. (1989d). Más allá del principio del placer. In S. Freud, *Obras completas* (Vol. 18). Buenos Aires: Amorrortu. (Obra original publicada em 1920)

Freud, S. (1989e). La pizzara mágica. In S. Freud, *Obras completas* (Vol. 19). Buenos Aires: Amorrortu. (Obra original publicada em 1925)

Freud, S. (1989f). Moisés y la religión monoteísta. In S. Freud, *Obras completas* (Vol. 23). Buenos Aires: Amorrortu. (Obra original publicada em 1939)

Green, A. (1988). *Narcisismo de vida, narcisismo de morte.* São Paulo: Escuta.

Green, A. (1990). *De locuras privadas.* Buenos Aires: Amorrortu.

Green, A. (1994). *Revelações do inacabado: sobre o cartão de Londres de Leonardo da Vinci.* Rio de Janeiro: Imago.

Green, A. (1995). *El trabajo de lo negativo.* Buenos Aires: Amorrortu.

Green, A. (2001). *El tiempo fragmentado.* Buenos Aires: Amorrortu.

Green, A. (2008). *Orientações para uma psicanálise contemporânea.* Rio de Janeiro: Imago.

Green, A. (2010). *El pensamento clinico.* Buenos Aires: Amorrortu.

Green, A. (2012). A clínica contemporânea e o enquadre interno do analista. Entrevista realizada por Fernando Uribarri. *Revista Brasileira de Psicanálise, 3*(46), 215-225.

4. "Luto e melancolia": importância e influência do texto freudiano[1]

Sobre a metapsicologia

Nesta mesa, que acontece aos 100 anos da publicação de "Luto e melancolia",[2] escrito em 1915 e publicado em 1917, fomos

---

[1] Este texto foi apresentado no IX congresso da Federação Latino-americana de Associações de Psicoterapia Psicanalítica e Psicanálise (FLAPPSIP), que se deu em maio de 2017, em Porto Alegre.
[2] Utilizei-me da versão do texto *Luto e melancolia* (Cosac Naify, 2011), com a tradução de Marilene Carone, inicialmente publicada em "Novos estudos Cebrap" em 1992 em homenagem à colega Marilene, falecida precocemente em 1987. O fato de utilizar essa tradução é digno de nota já que durante muito tempo os psicanalistas brasileiros viram-se às voltas com a dificuldade que implicava ler as obras completas de Freud, publicadas pela editora Imago, versão feita a partir do inglês. Marilene, depois de severas críticas à tradução, que inclusive expressou em vários ensaios, começou nos anos 1980 a traduzir Freud diretamente do alemão e conseguiu traduzir alguns textos, dentre eles o que nos ocupa hoje. A colega soube fazer justiça ao texto freudiano, não só ao Freud pensador dos conceitos como também ao Freud escritor. Esta cuidadosa tradução vem acompanhada de uma "Discussão de algumas divergências" com a comparação de alguns termos em alemão, inglês, português e a tradução por ela proposta, de grande utilidade. Hoje existem outras traduções feitas diretas do alemão ao português, inclusive uma publicada pela própria editora Imago.

convocados a falar sobre a importância e a influência do texto freudiano. O trabalho é o último de uma série de artigos publicados como "metapsicológicos", fruto do grande esforço de Freud em compreender as expressões do psiquismo humano na inter-relação de três planos: tópico, dinâmico e econômico. Ele se esforçou em aprofundar as hipóteses teóricas que fundamentam o sistema psicanalítico, algo que certamente pode ser estendido a outros textos anteriores e posteriores aos chamados metapsicológicos, como o capítulo 7 de "A interpretação dos sonhos" (Freud, 1900), "Além do princípio do prazer" (Freud, 1920) e "O Ego e o Id" (Freud, 1923); mas certamente a proposta se executa de maneira explícita nos textos escritos entre 1915 e 1917.

A palavra metapsicologia é um neologismo que Freud usou logo no início de seu trabalho, numa carta a Fliess de 13 de fevereiro de 1896. Ele tenta se diferenciar da filosofia (metafísica) e também da psicologia clássica, tratando-se do estudo da realidade psíquica no que escapa à consciência e à realidade material. Segundo consta na introdução feita por Strachey (Freud, 1917), os ensaios metapsicológicos teriam sido todos escritos no período de sete semanas, de março a maio de 1915, sendo que deles foram publicados: "As pulsões e seus destinos", "O recalque", "O inconsciente", "O complemento metapsicológico à teoria dos sonhos" e "Luto e melancolia". Segundo relato de Jones (1955), Freud teria escrito mais sete artigos sobre a consciência, a angústia, a histeria de conversão, as neuroses obsessivas, as neuroses de transferência e especula-se que tenha havido um trabalho sobre a sublimação e outro sobre a paranoia. Em carta a J. J. Putnam em 1915, Freud escreve: "Estou aproveitando a interrupção na minha tarefa (ocasionada pela guerra) para terminar um livro que contará com uma série de doze ensaios psicológicos" (citado por Rodrigué, 1995, p. 368).

A hipótese de serem doze ensaios se repete em cartas a Lou Andreas-Salomé e a Binswanger, prometendo a todos que o livro de metapsicologia seria publicado quando terminasse a guerra. Em carta a Abraham de 4 de maio de 1915, informa: "tento incluir uma dúzia de artigos e, em tempos mais tranquilos oferecê-los a um mundo não compreensivo, sobre o título de ensaios preparatórios de metapsicologia" (citado por Rodrigué p. 368). No entanto, Freud não parece ter ficado satisfeito com a sua produção e desiste de publicá-los no conjunto. Quando Lou Andreas-Salomé lhe cobra em carta de 18 de março de 1919, Freud responde: "Onde está minha metapsicologia? Em primeiro lugar não tem sido escrita ainda. Não é possível elaborar o material de forma sistemática, a índole fragmentária das minhas observações e o caráter esporádico de minhas ideias não o permitiriam" (citado por Strachey, 1917, p. 103, tradução nossa).

Alguns textos foram para a fogueira, restando a metade de um manuscrito que Freud enviou como rascunho para Ferenczi, uma síntese sobre as neuroses de transferência. Freud não publicou os textos da metapsicologia por não estar satisfeito com o que escreveu. Naquele momento suas ideias estavam em transformação e algumas mudanças importantes começavam a se perfilar; algo estava sendo fecundado e a questão da morte ainda não estava incluída na teoria.

Em 1919, continuando seu trabalho metapsicológico em "Além do princípio do prazer" (Freud, 1920), a morte está incluída na teoria, agora como pulsão. Freud fez questão de se opor a Fritz Wittels, biógrafo que ligara a pulsão de morte a morte de sua filha Sophie, dizendo que quando ele escreveu o texto sua filha estava com boa saúde (Gay, 2012).

No entanto, a crueldade dos homens na guerra levou Freud a dar um lugar importante para a agressão. Em 1915, durante uma conferência em Viena, ele pedia aos presentes para admitirem que o mal não pode ser excluído da "natureza humana essencial" (Gay, p. 401). Não é que a guerra tivesse despertado o interesse da psicanálise pela agressão, ela já fazia parte dela anteriormente, mas o que desconcertou o próprio Freud foi a sua resistência durante tanto tempo em elevar a agressividade ao lugar de rival da libido, apesar disso já lhe ter sido apresentado em 1912 por Sabina Spielrein (Cromberg, 2014). Freud não estava preparado para aceitá-la; ele fará isso em 1920, após a guerra, criando mais um eixo de oposições: pulsões de vida e pulsões de morte.

O interlocutor de Freud para o texto "Luto e Melancolia" é Abraham, que em 1911 tinha publicado "Notas sobre a investigação e o tratamento psicanalítico das psicoses maníaco-depressiva e estados afins". Na primeira versão do seu texto, Freud não o menciona, e Abraham lhe responde com delicadeza: "se me permite recordar-lhe também eu falei outrora da comparação da depressão melancólica com o luto não é para revindicar uma prioridade senão para sublinhar nossa coincidência" (citado por Peres, 1996, p. 37).

Situando o texto no seu momento histórico

Em 1914, estoura a primeira guerra do século XX. Como afirma Roudinesco (2014), uma guerra diferente das anteriores, pois nela não há mais o enfrentamento de dois exércitos com armas brancas, uniformes coloridos, a luz do dia ao som do clarim e cânticos de vitória e morte; agora trata-se de uma guerra escura que se alastra por mares e por terra, com trincheiras de lama onde os corpos mutilados são amontoados. Freud, que até o momento só conhecia a guerra pelas leituras, foi surpreendido por ela e começou apoiando a Tríplice Aliança, desejando a vitória da Áustria. Em junho de 1914, o assassinato do arquiduque e sua mulher, pelos jovens militantes bósnios, em Sarajevo, mostra, no dizer de P. Gay, como o Império Austro-Húngaro enfrentava o desafio de sobreviver numa era de nacionalismo febril. Seis meses depois, começa a guerra que veio para devastar uma época de efervescência dos movimentos artísticos, literários e intelectuais, como a arquitetura funcional, a pintura abstrata, a música dodecafônica, os romances experimentais e a psicanálise. Esta última, foi fortemente afetada mas, na opinião de Rodrigué, a guerra tirou a psicanálise da marginalidade pelo interesse que as neuroses de guerra despertaram. O Ministério da Defesa de Viena convocou os analistas para exporem suas teorias.

O Congresso de 1918 de Budapeste, no qual essas teorias foram discutidas é um marco, embora nada tenha ido muito adiante já que as revoluções que começaram nas nações derrotadas prejudicaram quase tudo.

A guerra invadiu o movimento psicanalítico, os analistas tiveram que desistir dos congressos, interromper publicações e diminuir o trabalho. Os membros do Comitê foram alistados: Eitingon foi para Praga com uniforme austríaco e como cirurgião, Abraham para um hospital da Prússia Oriental, Rank foi enviado à Cracóvia e Ferenczi como médico das tropas húngaras. Freud ficou em Viena com Sachs, Marta, Anna e Minna, habitando uma cotidianeidade tomada pelo temor em relação aos filhos (Martin, Olivier, Ernst, além do genro Max), todos em diferentes frentes. Rapidamente Freud percebeu que a guerra seria longa e terrível. Escreveu para Lou Andreas-Salomé em 1914: "Não duvido que a humanidade venha se recuperar dessa guerra, mas sei com certeza que eu e os meus contemporâneos não veremos mais o mundo risonhamente" (Roudinesco, 2014, p. 205). "A guerra o invadia por todos os lados" – escreve Roudinesco – "estava irascível, multiplicaram-se os lapsos, contava anedotas judaicas para lutar contra a angústia" (p. 205).

Freud sonhava com a morte dos filhos, com ferimentos horríveis e campos de batalha. Seu belicismo do começo fora se transformando em desespero. Foi percebendo que a guerra desvela a crueldade humana, degrada os valores sociais e perturba a relação dos homens com a morte. Aos 59 anos, Freud se vê ocupado pelas questões da morte dos outros e dele próprio. Em 1914, morre seu querido meio irmão, Emanuel. No dizer de Freud, ele "não aguentou a guerra". Sua situação econômica vai ficando desastrosa, sua clientela diminui, condenando Freud e sua família à fome e ao frio. Ele escreve: "continuo a pensar que é uma noite polar, e deve-se esperar até que o sol nasça outra vez" (citado por Roudinesco p. 360).

A morte ocupa sua cabeça como preocupação permanente no cotidiano, mas que também chega aos seus escritos. Em 1915, ele publica dois textos: "Da guerra e da morte: temas de atualidade" e "A transitoriedade". O primeiro é um texto sobre a guerra, sobre a forma em que ela, além de destruir o patrimônio da humanidade, destrói os valores e as inteligências claras, inibindo a produtividade dos indivíduos e impondo uma mudança de nossa atitude perante a morte (Freud, 1915).

A questão que marca Freud, é a forma como a eticidade dos Estados perante os outros se minimiza, ao passo que a brutalidade exercida pelos indivíduos aumenta. As normas éticas que os Estados exigiam aos indivíduos em tempos de paz não são respeitadas por ele próprio, ao não distinguirem "estrangeiro" e "inimigo", transgredindo todas as restrições dos tempos de paz, não reconhecendo as prerrogativas dos médicos e dos doentes, destruindo-se os laços comunitários entre os povos e burlando as leis de direito internacional.

Em novembro de 1915, a obra *A transitoriedade* retoma a problemática da finitude e da morte. Freud relata a conversa que, em 1913, teria tido com um amigo e um poeta, durante um passeio nos Dolomites. Nesse texto de extraordinária beleza literária, Freud discorda do amigo que não consegue desfrutar do belo, porque chegará o inverno que levará consigo as cores e as flores, e argumenta que não há motivos para que a finitude leve necessariamente à desvalorização do belo; Freud entende que a vivência do poeta é resultado da revolta anímica contra o luto.

Esse texto antecipa algumas das afirmações que serão feitas em "Luto e melancolia" (Freud, 1917). O luto enquanto enigma e a libido que investe nos objetos e que quando os perde, se volta sobre o ego. A resistência em abandonar o objeto, daí o trabalho do luto. A ideia de substituição e de amor que fica livre depois do luto e sua expiração de maneira espontânea. Nessa obra, Freud é mais "romântico", ele entende que o que acontecerá depois da guerra é que a libido ficará solta, reconstituirá o destruído e se ligará aos bens da cultura que se perderam com ela, diferente do pessimismo da carta antes citada.

Tendo como pano de fundo a morte do seu meio irmão Emanuel, o rompimento com Jung e a primeira grande guerra, Freud escreve "Luto e melancolia". A separação com Jung lhe devolve a responsabilidade de pensar sobre a psicose, já que a expectativa de que isto fosse feito por Jung e pela escola suíça se quebra.

Situando o texto no seu momento conceitual

Freud já tinha escrito sobre a melancolia na correspondência a Fliess, mas tratando-a em relação à angústia, colocada ao lado das neuroses atuais. Nos manuscritos B, D, e E (Freud, 1899), abordou-a enquanto uma tensão erótica psíquica e no manuscrito G. (1899) como perda de um quantum de excitação do grupo psíquico sexual e como acréscimo da neurastenia por masturbação. Em 1910, Freud tinha pronunciado uma conferência na Sociedade Psicanalítica de Viena sobre o suicídio.

O momento em que escreve "Luto e melancolia" é um momento de transição. O ano de 1914, no qual escrevera "Introdução ao narcisismo", é a marca de que uma nova volta de espiral da construção conceitual começou a acontecer. A primeira teoria das pulsões e sua concepção dualista, que separava pulsões sexuais e do ego, se desfaz com a ideia de que a libido pode investir o objeto ou o próprio ego, configurando um modelo monista da pulsão que não o deixa tranquilo. Se a libido pode investir o ego, este aparece erotizado. O texto une ego e libido enquanto libido do "eu". O ego e narcisismo aparecem juntos e se constituem no mesmo ato psíquico. O ego como unidade que se constitui sobre a fragmentação autoerótica não está dado desde o início. O ideal do ego é postulado com as funções de consciência moral e de censura.

No texto "As pulsões e seus destinos" (Freud, 1915), um dos destinos da pulsão é a volta sobre si mesma, ou seja, a agressividade pode voltar sobre si numa ação autopunitiva.[3] Em "Luto e melancolia" Freud põe para funcionar as ferramentas conceituais que construíra nestes dois textos. O tema da agressividade no seu

---

3 A tradutora de *Luto e melancolia* chama a atenção sobre uma série de termos que começam com *selbst*, "essa profusão de termos com *selbst* certamente encontra seu sentido mais profundo na articulação teórica do próprio texto e reflete a importância desse movimento de retorno à própria pessoa, descrito em 'Pulsões e seus destinos' como segundo destino pulsional. Mais precisamente o termo *selbst* é descrito como o tempo da transformação da voz ativa, 'não em uma voz passiva, mas em uma voz reflexiva média'. Nesse sentido, o prefixo *selbst* corresponderia em português à partícula apassivadora 'se': 'torturar-se', 'punir-se' etc." (Freud, 2011, p. 46, nota 3).

caminho autopunitivo foi também desenvolvido por ele em outros dois textos de 1916: "Os que fracassam ao triunfar" e "Os criminosos pelo sentimento de culpa", nos quais trata de fenômenos em que se radicaliza a culpabilidade.

O momento é também de transição em relação às tópicas. A conceitualização sobre o ego e as instâncias ideais, desenvolvidas em "Luto e melancolia", serão continuadas em textos posteriores e darão lugar ao surgimento da segunda tópica. Por outro lado, em relação ao trauma também é possível identificar um momento de transição: a primeira teoria do trauma fora abandonada já há algum tempo e a segunda só apareceria em 1920, ligando-se à compulsão da repetição e à pulsão de morte. A palavra traumático só aparece uma vez, no final do texto: ". . . as experiências traumáticas com o objeto podem ter ativado um outro material reprimido" (Freud, 1915, p. 83).

"Luto e melancolia" antecipa a tensão existente entre ego e ideal de ego – conceito este que mais adiante passará a ser chamado de superego, que irá se consolidando nos textos seguintes. O superego terá sua crueldade reforçada ao ser ligado à pulsão de morte. O ideal de ego já tinha aparecido em "Introdução ao narcisismo" (Freud, 1914) como uma parte diferenciada do ego, mas certamente em "Luto e melancolia" está mais ao serviço da morte. Além disso, Freud inclui os conceitos de identificação narcísica que serão retomados em "Psicologia das massas e análise do eu" e em "O ego e o id".

Quero aqui fazer uma reflexão sobre o conceito de substituição do objeto que ele irá enfatizar no texto *Luto e melancolia* e pelo qual foi bastante criticado por alguns autores, que o consideraram uma impregnação do espírito do romantismo. No texto, o objeto substitutivo parece propiciar ao sujeito os mesmos gozos que o perdido. O equilíbrio conquistado após o trabalho do luto, parece deixá-lo no mesmo lugar que antes da perda. No entanto, quero lembrar três frases de Freud (1915) no texto sobre a guerra e a morte que abrem brechas para pensar um pouco diferente: "Quando morre alguém próximo, sepultamos com ele nossas esperanças, nossas demandas, nossos gozos, não nos deixamos consolar e nos negamos a substituir o que perdemos. Nos portamos então como uma sorte de Asra, desses que morrem quando morre aquele a quem amam" (p. 291); "Quem irá substituir à mãe seu filho, à mulher seu esposo?" (p. 192); "cada uma das pessoas amadas levará aderido também um fragmento do outro (p. 294).

Nessas frases, assim como nas correspondências trocadas com Biswanger em 1923, na ocasião da morte do seu filho e que remete a Freud a morte de sua filha, Sophie, fazendo-o parecer duvidar de suas próprias afirmações, deixando entrever que perante a morte de um filho há algo impossível de substituir. Abrem-se as seguintes interrogações: o objeto do luto é totalmente substituído? O objeto substituto reconstitui um estado de equilíbrio anterior?

Em 1920, Freud escreveu *Além do princípio do prazer* montando uma nova dualidade pulsional. Ele não voltou a escrever sobre a melancolia, mas certamente o conceito da intrincação e desintrincação pulsional, que mantém um luto impossível, está no centro da destruição melancólica.

A intrincação pulsional liga o morto ao vivo. Hassoum (2002), referindo-se ao texto de *Além*, afirma: "assim a morte esta presente no vivente, mas como pulsão cuja intrincação com as pulsões parciais (ditas eróticas) supõe que o desejo e o que o causa represente estruturalmente uma operação que se deduz da inscrição da pulsão de morte no ego. Assim a melancolia é para Freud uma doença do ego. No lugar mesmo onde nele se inscreve a pulsão de morte." (p. 17). Se normalmente as pulsões trabalham juntas, a melancolia seria produto da desintrincação pulsional.

Vigência e influências do texto

Farei quatro reflexões apresentando os desdobramentos do texto em alguns autores e em problemáticas do campo psicanalítico:

No campo do social

O texto freudiano, seguindo um modelo do qual já se utilizara para pensar outros fenômenos, volta a tomar um fenômeno psíquico normal – o luto – e o estuda em analogia com a melancolia.

Tanto um quanto o outro, são uma reação à perda de uma pessoa ou de uma abstração: pátria, ideal etc. Em ambos há um estado doloroso que provoca um desânimo profundo, uma inibição da capacidade de trabalhar e amar, um desinteresse em relação ao mundo. Inibição e estreitamento do ego e seus interesses são expressão de que ele está totalmente dedicado ao trabalho do luto.

O conceito do luto levou a retrabalhos importantes. Philippe Ariès, no seu livro *O homem diante da morte* (1983), questiona a naturalização da morte. O autor postula que os psicólogos descrevem os mecanismos implicados na forma em que se processa o luto, como se estes viessem de toda a eternidade, quando na verdade trata-se de um modelo que se remonta ao do século XVIII. O luto medieval era mais social do que individual, ele expressava a angústia da "comunidade visitada pela morte".

Jean Allouch, no seu livro *Erótica del duelo en tiempos de la muerte seca* (2006), mostra que o texto de Freud trabalha o luto como um processo singular entre aquele que está de luto e o morto (entre eu e você), sem nenhuma menção ao fora, ao social e ao ritual. Ele não inclui nada sobre a forma como aquele que morreu se relacionava com a própria morte; também não inclui o contexto no qual se vive o luto., por exemplo, o contexto da família que acredita ou não no "além". Tudo isso leva o autor a entender que Freud faz uma "leitura romântica do luto".

Allouch (2006) se refere à exclusão que Freud faz do público, diferentemente de como tratara o fenômeno do "chiste", no qual o terceiro que escuta a piada tem um lugar fundamental. Ao interrogar-se sobre isso, o autor remete ao momento histórico no qual o texto fora escrito, que segundo o pensamento de Ariès, seria de inversão na cultura. Segundo o autor "ainda no princípio do século XX, vamos supor até a guerra de 1914, em todo o ocidente... a morte de um homem modificava o espaço e o tempo de um grupo social que podia se estender à comunidade inteira, por exemplo, à aldeia" (Ariès, 1983, apud Allouch, 2006, p. 151). Mas, no momento em que o texto de Freud foi escrito, no ocidente a comunidade social abandona todo ritual de luto e, depois da guerra de 1914, acontece uma proibição do luto no caminho da patologização: "a imagem da morte se contrai como o diafragma de um objetivo fotográfico que se fecha" (Ariès, 1983, citado por Allouch, 2006, p. 152).

Nesse momento, não há mais cortejos fúnebres nem signos da morte nas cidades, a cultura começa a incomodar-se com a morte. Não há um sujeito que morre, não há um sentir-se morrer, há que morrer sem sentir e sem incomodar aos outros, a medicalização da morte contribui para isso. Não há luto nas famílias, exceto algumas rezas ou missas que conseguem sobreviver. Em geral, a ocupação com a morte foi delegada para as empresas funerárias. Se não há espaço social para o luto, Freud oferece um: o espaço intrapsíquico. O psiquismo é, para ele, o lugar em que o objeto continua existindo, mas também o lugar em que ele poderá ser reconhecido como perdido. Nesse sentido, trata-se de um texto visionário, porque oferece um espaço para o luto que estava se perdendo na cultura.

Talvez seja por essa razão que o texto conseguiu uma adesão tão grande não só dos psicanalistas, mas também de sociólogos, antropólogos e todos os que pensam no fenômeno do luto.

Lacan enfatizou a importância do ritual. No seu entender os rituais de morte correspondem à "intervenção total, maciça, ... de todo jogo simbólico" e conclui: "o trabalho do luto realiza-se no nível do logos; digo logos para não dizer grupo ou comunidade, como culturalmente organizados, são os suportes". (Peres, 1996, p. 57).

No século XX e XXI, a existência de grandes guerras, genocídios em diferentes lugares do mundo, ditaduras militares na América Latina e catástrofes coletivas levaram os psicanalistas a retomar o tema do luto em sua coletividade. O traumático, o coletivo e o transgeracional cobram uma importância fundamental. Todas as pesquisas nesse campo mostram que, tanto na organização social quanto nas subjetividades, só o reconhecimento público das violências, dos traumáticos e das perdas acontecidas colocam em marcha um processamento dos "encriptados".

O "matar a morte" com o silêncio, que Freud colocava como característica do funcionamento inconsciente, quando acontece no social, impede que um trabalho de luto se ponha em marcha. O mandato ao silenciamento e ao esquecimento, o não reconhecimento ou negação por parte do coletivo não permite que o luto se realize na subjetividade. As investigações sobre os lutos coletivos têm mostrado como várias gerações carregam esse processo, que passa da negação do acontecido à culpa e então à quebra da identificação com os culpados, para só então poder entrar num processo de elaboração psíquica. Nessa linha, as investigações voltaram a juntar o público e o íntimo nos processos complexos de elaboração dos lutos.

No campo da psicopatologia

Freud coloca a melancolia como uma afecção narcísica, apoiado na abertura do campo da problemática do narcisismo, em 1914. Ele a diferencia das neuroses de transferência – nas quais o conflito central não estaria entre as pulsões e as instâncias recalcantes, mas sim entre o ego e as instâncias ideais. Desse modo, inaugura-se um outro eixo de estruturação psíquica entre as neuroses e as psicoses.

Freud entende que, quando se trata de melancolia, há uma forte fixação no objeto de amor, ao qual se opõe uma pequena resistência de investimento objetal. Essa contradição parece requerer que a escolha de objeto tenha sido feita sobre uma base narcísica, de forma que o investimento libidinal possa regredir para o narcisismo. A identificação narcísica com o objeto se torna um substituto do investimento libidinal. Segundo Freud, esse é o mecanismo fundamental das afecções narcísicas. A identificação narcísica é a primeira modalidade pela qual o ego distingue um objeto; nela, o ego quer incorporar o objeto devorando-o, tal como na fase oral-canibalística.

Nicolas Abraham e Maria Torok (1995) desenvolveram a temática do texto freudiano, afirmando que é necessário distinguir as neuroses narcísicas da histeria, pensando que naquelas trata-se de um fenômeno crítico com objetivo narcísico e da tentativa de reparar o objeto ideal. Os autores dão ênfase na diferenciação entre a incorporação e a introjeção, afirmando que a partir de uma perda sofrida no psiquismo que, se reconhecida levaria a um processo de recomposição profunda, surgem fantasias de incorporação como uma tentativa de "cura mágica", de "recusa ao luto", na qual se desmetaforiza e se objetiviza (o que se sofre não é mais a ferida no sujeito e sim a perda do objeto). O que só acontece quando o que se perde é um objeto narcisicamente indispensável.

Os autores retomam a resposta que Freud dera a Abraham, afirmando que o aspecto pulsional (culpado pelos desejos canibalísticos e sádico-anais) não é negligenciável, mas é geral demais e chama a atenção para os aspectos tópicos, dinâmicos e econômicos que poderiam trazer especificações mais precisas (Abraham & Freud, 1969, citado por Abraham & Torok, 1995).

No campo das linhas teóricas psicanalíticas

Thomas Ogden, psicanalista norte-americano, localiza no texto freudiano de 1915, o início da linha de pensamento que, mais tarde, será designada como a teoria das relações de objeto. Ele a entende como um conjunto de metáforas articuladas de forma aberta e que se referem aos efeitos intrapsíquicos e interpessoais do relacionamento entre "objetos internos inconscientes" (isto é, entre partes cindidas, inconscientes da personalidade)" (Ogden, 2004, p. 85).

O autor identifica alguns momentos importantes para fundamentar suas hipóteses:

A) Freud assemelha a melancolia ao luto em vários aspectos, mas os diferencia em alguns. Na melancolia é acrescida uma diminuição da autoestima e um empobrecimento do ego, que se recrimina, se acusa, se ataca e quer ser castigado. Há uma satisfação no autodenegrimento; um delírio de inferioridade predominantemente moral. Para explicar esse funcionamento, Freud faz uma caracterização do ego que nos é proporcionada pelo melancólico, afirmando:

> *vemos nele como uma parte do ego se contrapõe a outra, avalia-a criticamente, como que tomando-a como*

> *objeto. Nossa suspeita de que a instância crítica aqui cindida do ego poderia provar sua autonomia sob outras condições será confirmada por todas as observações ulteriores. Encontraremos realmente um fundamento para separar essa instância do resto do ego. (Freud, 1917, p. 57)*

Essa parte é a instância da consciência moral. Ogden localiza algo de fundamental nessa conceitualização do ego como uma estrutura que tem aspectos conscientes e inconscientes que podem cindir-se como um princípio subjacente à teoria das relações de objeto.

B) Freud entende que, aquilo que o ego se acusa, é, na verdade, a acusação que faz a outro, ou seja, as autorrecriminações são recriminações que faz a um objeto de amor e que se voltam contra o próprio ego. Queixar-se é dar queixa, no sentido jurídico-policial. Se há um ataque a um objeto de amor, se deduz que há uma relação ambivalente com o objeto que aparece – ou se reforça – perante uma perda. Se para não abandonar o objeto se apela à identificação narcísica, que permite manter o objeto amado, ao mesmo tempo que o ódio se faz presente atacando e acusando o ego no lugar de objeto. O autor vê nisso uma estruturação muito diferente do inconsciente, entendendo que Freud estaria pensando em aspectos cindidos inconscientes do ego e em relações internas inconscientes. Aqui, ele encontra o núcleo da teoria kleiniana sobre o interjogo entre objetos internos e externos.

C) O autor entende que o texto traz um aporte para o pensamento sobre as psicoses, na conceituação da mania-melancolia, já que nelas se mostra a evasão da dor, e não o seu acolhimento. Com isso, há a evasão da realidade, alcançada por meio das múltiplas cisões do ego e da substituição onipotente de objetos internos que ocupam o lugar de um objeto externo real. O mundo interno do maníaco, através da onipotência, do triunfo e do desprezo, se constrói para evadir a realidade da dor e da morte, afirma o autor.

D) A compreensão da ambivalência seria o mais importante do texto em relação à teoria das relações objetais. Se até o momento, a ambivalência era colocada no nível do amor-ódio, agora o amor tenta liberar a libido do objeto para continuar vivendo ou ficar ligado e fusionado "mortalmente" no objeto imortal. Ou seja, o conflito está entre o desejo de estar vivo, reconhecendo a dor da perda e a realidade da morte, e o desejo de se amortecer para a dor e a morte. Isso leva a o autor a dizer que "muito do som corrente no pensamento psicanalítico atual, pode ser ouvido em 'Luto e melancolia'" (Ogden, 2004, p. 97).

No campo da clínica

Retomando o texto de Freud, Pontalis (1991) nos fala da "melancolia da linguagem": "Freud descreve o trabalho de luto como 'uma tarefa que é realizada detalhadamente, com um grande dispêndio de energia de investimento, e, durante esse período, a existência do objeto perdido prossegue psiquicamente" (p. 143).

Afirma Pontalis (1991):

> *vejo a definição da fala na análise, de uma verificação que só pode ser efetuada dolorosamente, ali, e não em outros lugares . . ., no detalhe, no ínfimo, no passo a passo dos restos, a fala, quando nada a comanda a não*

> ser seu próprio impulso, reconduz ao objeto perdido para dele se desligar. E isso, ao longo de toda sua trajetória. De toda ela, e não apenas do fim. A entrada na análise inaugura o desbaratamento da união. (p. 143)

Para o autor, o trabalho da análise é um permanente separar-se, desligar-se do objeto, medir a distância entre a coisa e a palavra que a designa. Nela, nos queixamos das separações vividas, dos abandonos, do olhar da mãe que se voltou a outro lugar, tendo um objetivo, que é dar a realidade a um antes absoluto que nunca existiu. Uma queixa necessária, porque se a ignorássemos, ignoraríamos junto o "luto da linguagem", e procuraríamos só palavras substitutas, sem procurar nelas a "marca da coisa", a "coisa sem nome", a "coisa sem nome que nos acompanha".

Finalizo com uma frase de Pontalis (2001): "'a sombra do objeto recai sobre o ego'. Sem essa sombra, sem essa queda, a linguagem é ruído imóvel e não luz" (p. 145).

Referências

Abraham, N., & Torok, M. (1995). *A casca e o núcleo*. São Paulo: Escuta.

Allouch, J. (2006). *Erótica del duelo en tiempos de la muerte seca*. Buenos Aires: Ediciones Literales.

Ariès, P. (1983). *O homem diante da morte*. Madrid: Taurus.

Cromberg, R. U. (2014). *Sabina Spielrein: uma pioneira da psicanálise*. São Paulo: Livros da Matriz.

Freud, S. (1973). Mas allá del principio del placer. In S. Freud, *Obras completas*. Madrid: Biblioteca Nueva. (Obra original publicada em 1921)

Freud, S. (1989a). La interpretación de los sueños. In S. Freud, *Obras completas*. Buenos Aires: Amorrortu. (Obra original publicada em 1900)

Freud, S. (1989b) Introducción al narcisismo. In S. Freud, *Obras completas*. Buenos Aires: Amorrortu. (Obra original publicada em 1914)

Freud, S. (1989c). Pulsiones y destinos de pulsión. In S. Freud, *Obras completas*. Buenos Aires: Amorrortu. (Obra original publicada em 1914)

Freud, S. (1989d). Algunos tipos de carácter dilucidados por el trabajo psicoanalitico. In S. Freud, *Obras completas*. Buenos Aires: Amorrortu. (Obra orignal publicada em 1916)

Freud, S. (1989e). Psicología de las masas y análisis del yo. In S. Freud, *Obras completas* (Vol. 18). Buenos Aires: Amorrortu. (Obra original publicada em 1921)

Freud, S. (1989f). El yo y el ello. In S. Freud, *Obras completas* (Vol. 19). Buenos Aires: Amorrortu. (Obra original publicada em 1923)

Freud, S. (1989g). *Fragmentos de la correspondencia con Fliess*. Buenos Aires: Amorrortu. (Obra original publicada em 1950)

Freud, S. (1989h). Manuscrito B: La etiología de las neurosis. In S. Freud, *Fragmentos de la correspondencia con Fliess*. Buenos Aires: Amorrortu. (Obra original publicada em 1950)

Freud, S. (2011). *Luto e melancolia*. São Paulo: Cosac Naify.

Freud, S. (2015). De guerra y muerte. Temas de actualidad. In S. Freud, *Obras completas* (Vol. 14). Buenos Aires: Amorrortu. (Obra orginal publicada em 1915)

Gay, P. (2012). *Freud: uma vida para nosso tempo*. São Paulo: Schwarcz.

Hassoum, J. (2002). *A crueldade melancólica*. Rio de Janeiro: Civilização Brasileira.

Peres, U. et al. (1996). *Melancolia*. São Paulo: Escuta.

Pontalis, J. B. (1991/1988). *Perder de vista: da fantasia de recuperação do objeto perdido*. Rio de Janeiro: Jorge Zahar.

Rodrigué, E. (1995a). *Sigmund Freud: o século da psicanálise* (Vol. 1). São Paulo: Escuta.

Rodrigué, E. (1995b). Sigmund Freud: o século da psicanálise (Vol. 2). São Paulo: Escuta.

Roudinesco, E. (2014/2016). Sigmund Freud: na sua época e em nosso tempo. Rio de Janeiro: Jorge Zahar.

Strachey, J. (1917). Nota introductoria. In S. Freud, *Duelo y melancolía*. Amorrortu: Buenos Aires.

Ogden, T. (2004). Uma nova leitura das origens da teoria das relações objetais. In T. Ogden, *O analista trabalhando: Livro anual de psicanálise XVIII*. São Paulo: Escuta.

5. Sexualidade: destino ou busca de uma solução?[1]

"Anatomia é destino" (Freud, 1924, p. 185). Parafraseando Napoleão, no seu texto "O sepultamento do complexo de Édipo", essa afirmação é feita no contexto em que Freud ocupava-se de apresentar a diferença do desenvolvimento sexual do menino e da menina. Durante bastante tempo, a questão fora tratada a partir do modelo masculino, supondo um paralelismo para ambos os sexos. Nesse contexto, ele apela para o apoio corporal para pensar as diferenças e acaba restringindo conceitos como o de *percepção*, que em outros momentos de sua obra irá trabalhar de forma muito mais complexa. No texto, Freud (1924) afirma que a "diferença morfológica tem que se exteriorizar em diversidades do desenvolvimento psíquico" (p. 185) e parafraseia Napoleão: "anatomia é destino".

Alguns autores querem depreender dessa frase um suposto modelo biologista ou sexológico, no qual, supostamente, se

---
[1] Foi originalmente publicado em Alonso, S. et al. (2016). *Corpos, sexualidades e diversidades*. São Paulo: Escuta, 2016. Corresponde à conferência de abertura da Jornada intitulada "Corpos, sexualidades e diversidade", realizada em jun. 2015 no Departamento de Psicanálise do Instituto *Sedes Sapientiae*.

enquadraria o pensamento freudiano. Tem sido bastante frequente autores que, tratando do tema do feminino, colocam a frase "anatomia é destino" como se ela expressasse a totalidade do pensamento de Freud, para em seguida opor-lhe a frase de Simone de Beauvoir (1949): "não se nasce mulher, torna-se mulher". Muito longe de querer desmerecer a importância que a escritora teve na luta para encontrar um lugar para as mulheres no social e na cultura, assim como sua extrema sensibilidade para se aproximar do feminino nas mulheres e seus caminhos fora dos estereótipos, mas tentando fazer alguma justiça ao texto freudiano, gostaria de retomar uma outra frase de Freud (1932) na Conferência 33 sobre a feminilidade: "A psicanálise... não pretende descrever o que é a mulher... mas indagar como advém, como se desenvolve a partir da criança polimorfa" (p. 108). Ênfase no processo, na construção e não na essência. Freud enuncia essa frase num texto no qual claramente afirma que o que constitui a feminilidade ou a masculinidade a anatomia não poderá apreender.

Mas para não ficarmos presos a poucas frases, vamos aos argumentos da concepção da sexualidade em Freud, que nos autorizam a não deixar o seu pensamento preso ao paradigma do endogenismo biologizante. Convém elencar alguns pontos centrais de sua teoria da sexualidade:

- a sexualidade não se restringe à genitalidade;
- a sexualidade abarca o campo da pulsionalidade parcial e da pré-genitalidade que, como sabemos, é polimorfa;
- a pulsão difere do instinto, seu objeto não é fixo e sim contingencial. A pulsão não advém da fome e sim de algo que se introduz para satisfazê-la, ancora-se nas excitações corporais e está na base da simbolização;
- a pulsão se organiza por movimentos desejantes;

- o desejo se organiza ao redor do fantasístico e das marcas da linguagem;
- os sintomas histéricos não respeitam a anatomia e se montam sobre o corpo erógeno (corpo dos conflitos e dos movimentos desejantes);
- é necessário distinguir o sexual do sexuado;
- em muitos momentos, Freud aponta ao social como determinando as restrições, os investimentos, a forma de ser mãe, o narcisismo das mulheres ou a heroicidade dos homens.

Seria imensa a lista de conceitos que deixam perceber quanto o pensamento freudiano se afasta, na quase totalidade do tempo, de um modelo biologista da sexualidade.

Se o pensamento freudiano seguisse o paradigma sexológico – como o querem alguns autores –, ou seja, se as diferenças fossem feitas pelo sexo biológico, Freud não teria precisado ocupar tantos momentos de sua obra se perguntando e, inclusive não conseguindo responder, sobre como definir o que seja feminino ou masculino. Essa dificuldade para defini-los mostra que se trata de processos complexos.

Já entre os contemporâneos de Freud, o debate entre a linha "sexológica" e "um além desta" estava presente. Ernest Jones, discutindo a ideia de acesso à feminilidade pela castração e o reconhecimento das diferenças defendida por Freud, discorda dele e afirma que "a sexualidade se desenvolve a partir dos estímulos internos de uma constituição instintiva" (Jones, 1935, citado por Person & Ovesey, 1999, p. 128). A posição de Jones, essa sim, é totalmente biologicista. A feminilidade e a masculinidade, afirma o autor, estão já no período pré-fálico, porque surgem das predisposições inatas. Para Jones, "a questão primordial é se a mulher nasce ou se faz" (p. 128), e no seu entendimento para Freud a mulher "se faz", enquanto para ele próprio o desejo heterossexual é inato e a menina não deseja o pênis narcisicamente e sim instintivamente. Desse momento em diante, duas linhas de pensamento diferentes caminham em paralelo no movimento psicanalítico.

A linha inaugurada pelo pensamento freudiano vai sendo desenvolvida tanto pelo caminho da alteridade quanto pelo conceito de gênero. Vejamo-os a seguir.

O caminho da alteridade

Entendo que, pelo caminho da inclusão da alteridade, a sexualidade vai se diferenciando claramente do biológico. No excelente texto de Nathalie Zaltzman (1999), "Do sexo oposto", a autora parte de um diálogo entre um jardineiro e um botânico. O jardineiro envia para uma revista de botânica a seguinte questão: ele tinha um ruscus (uma planta em que as flores machos e flores fêmeas se situam em planos distintos) que nunca "deu bagas vermelhas" e o inquietava como fazer para descobrir se o pé era um macho ou uma fêmea. Ele recebe do botânico a seguinte resposta: compre um outro ruscus, coloque-o próximo, "só uma outra planta poderá revelar os respectivos sexos, pela floração se forem do mesmo sexo, pela frutificação se forem de sexos opostos" (p. 89).

A autora faz a seguinte reflexão: mesmo no mundo vegetal o "destino anatômico" em algumas espécies é marcado por esse limite intransponível, a determinação sexual não se realiza a não ser na presença de outro. Em outras plantas o exemplo se repete, levando o botânico e a autora, que retoma a questão, à seguinte afirmação: "a alteridade é uma condição necessária e prévia à identidade" (p. 90). Nem nas plantas o "destino anatômico" age sozinho, imaginem o que dizer quando inconsciente, linguagem e fantasma estão presentes como acontece no ser humano. O corpo biológico de um bebê e seu sexo anatômico são acolhidos desde antes do nascimento por uma Outra identidade, a do adulto que desde o início interpreta seu corpo, seu sexo, seus movimentos e suas necessidades por meio de seu próprio inconsciente. Antes mesmo do nascimento, esse corpo é acolhido e interpretado desde o narcisismo e desde a sexualidade do adulto. Seguindo a autora:

> *este amor depõe nas dobras da evolução libidinal que enceta na criança o radical de uma outra realidade psíquica", e continua: "esta primeira trama possui uma força de distorção inesgotável sobre a história vindoura da criança. Ela também é a inscrição inicial de uma alteridade, de outra realidade psíquica, de outro desejo, no fundamento de sua própria realidade (Zaltzman, 1999, p. 91)*

Como afirmou a autora, a alteridade é uma condição necessária e prévia à identidade.

No texto freudiano, a alteridade, que constitui a pulsão, está no *plus* de prazer que o quentinho do leite materno deixa na boca da criança (Freud, 1905), nos beijos com os quais a mãe de Leonardo da Vinci marcou sua boca (Freud, 1910) – erotismo que depois caminhou pela boca das mulheres dos quadros que este pintou –, mas está fundamentalmente no texto de 1933, na figura da mãe sedutora que nos cuidados do filho vai introduzindo a excitação. Essa sedução abre, com clareza, uma porta para o intersubjetivo e inclui o sexual. Por que Freud a chamaria de sedutora se não estivesse entrevendo a sexualidade do adulto?

Pelo caminho da alteridade que recebe, acolhe e penetra, o corpo na psicanálise vai se distanciando da biologia. Essa semente encontramos em Freud, ainda que nele possa haver alguma oscilação em alguns momentos, mas também em muitos analistas pós-freudianos: em Lacan, com o mergulho do corpo na linguagem, na teoria da *sedução generalizada* de Laplanche, em Zaltzman antes citada, em Aulagnier com o *autoengendramento* e os *enunciados identificatórios*, e em muitos outros. Todos eles têm certamente desenvolvido e adensado o pensamento sobre essa *encetada* que a sexualidade do outro faz nas origens da constituição do psiquismo, mostrando que a "anatomia não é destino".

O conceito de gênero

Disse antes, citando Zaltzman (1999): "A alteridade é uma condição necessária e prévia à identidade" (p. 90). Mas qual identidade estamos nos referindo? Temos a *identidade sexual*, mas, antes dela, temos a *identidade de gênero*, que surge previamente se pensarmos na constituição subjetiva, embora, como conceito, tenha entrado muito tardiamente no campo psicanalítico, pelo menos com essa nomeação.

As questões de gênero estão presentes em muitos momentos no desenvolvimento freudiano, por exemplo quando Freud, no texto de 1933, referindo-se ao alto grau de narcisismo das mulheres, esclarece que este pode ser uma compensação pela atrofia que o lugar social lhes impõe. As questões de gênero estão também em desenvolvimentos como o do mal-estar cultural, do lugar do materno, do feminino atingido fortemente pela moral sexual e etc. Mas o conceito de gênero, propriamente dito, é introduzido na psicanálise bem mais tarde.

Em 1955, o psicólogo John Money, com base em seus estudos sobre o hermafroditismo, fez uma distinção entre sexo e gênero.

Ele propôs o termo gênero para a autodesignação que a criança faz como sendo do sexo feminino ou masculino, a partir da atribuição que pais, médicos e educadores fazem da assinação: "você é uma menina ou um menino", e que desde o início indicam condutas diferentes para ambos (desde as roupinhas cor-de-rosa ou azul até brincar com bonecas ou com carrinho). Money denomina *função de gênero* aos comportamentos, ao empiricamente observável, e a *identidade de gênero* seria a experiência subjetiva da função. Para Money, a convicção é da consciência e da vontade, e as categorias de gênero se acompanham das ideias de uniformidade, unidade e persistência (identidade como idêntico, único). Essa atribuição de gênero seria praticamente irreversível por volta dos 18 meses e estaria completa aos 4 anos e meio. A identidade de gênero é da ordem do "eu", do pré-consciente e do simbólico, sendo simbólico no sentido do instituinte (Money, 1955).

Em 1968, o psicanalista Robert Stoller introduz o conceito no campo da psicanálise, na tentativa de distinguir o sexo biológico enquanto diferença sexual inscrita no corpo (macho-fêmea) do gênero, como significações atribuídas pela sociedade do masculino-feminino. O autor fez estudos sobre meninos e meninas que nasceram com problemas congênitos e que foram criados de acordo com um gênero que não coincidia com seu sexo. Diferenciou a *identidade de gênero nuclear*, sendo esta a convicção que alguém tem de ser macho ou fêmea do *perfil de gênero*, ou seja, a imagem do feminino ou masculino que a cultura oferece e com a qual se identifica. A identidade de gênero precede o reconhecimento da diferença dos sexos. As mensagens que vêm de fora vão construindo a matriz de gênero e o perfil de gênero; são discursos do dia a dia que vão incluindo o bebê numa categoria, implantando uma autorrepresentação de gênero (Stoller, 1978).

Qual a importância da inclusão da categoria de gênero na psicanálise? Em concordância com muitos autores que trabalham o tema, entendo que essa inclusão radicalizou a separação da sexualidade com o biológico. A inclusão dos gêneros questionou fortemente as teorias essencialistas sobre os sexos e a naturalização dos corpos, permitindo que se começasse a falar do feminino e do masculino no plural: feminilidades e masculinidades. Ambas passaram a ser entendidas como construções da cultura, construções histórico-sociais, reconhecendo-se então a importância que os discursos instituídos – religiosos, médicos, científicos e jurídicos – têm na construção das significações de gênero. Essa incorporação criou uma perspectiva a partir da qual pode-se ver, inclusive, como as ideologias entraram nas próprias teorias psicanalíticas, permitindo então que sejam retrabalhados conceitos como *inveja do pênis, instinto materno, zonas erógenas femininas* (relação clitóris-vagina), entre outros.

Surgiram, então, os *estudos de gênero*, nomeação dada à produção de conhecimentos que se ocupa das significações atribuídas por cada cultura ao ser homem e ao ser mulher. Entende-se o gênero como o conjunto de crenças, valores, condutas, atitudes que diferenciam homens e mulheres. Os estudos de gênero, ao pensar as diferenças na perspectiva de um longo processo histórico, constataram que a lógica em que estas foram construídas supõe um que ocupa o lugar hierarquicamente superior e outro que ocupa o lugar inferior, ou seja, são diferenças que incluem hierarquias e desigualdades, o que levou a psicanalista argentina Ana Maria Fernández (2012) a falar das *lógicas desigualadas*.

Um pouco de história

Acompanhando o raciocínio proposto por Burin (2010), foi a partir dos valores da Revolução Francesa de igualdade, liberdade e fraternidade que as mulheres começaram a reclamar os seus direitos, embora tenham passado bastante tempo sem conquistarem grandes avanços. Basta pensar, por exemplo, no forte peso da moral vitoriana sobre a sexualidade das mulheres no século XIX, assim como no forte efeito da Revolução Industrial. Nesta, o espaço público, de saber e o de poder econômico ficaram claramente reservados aos homens, enquanto o espaço privado, o mundo dos afetos e do lar ficaram restritos às mulheres. Mas no início do século XX, as coisas começaram a mudar: os movimentos sufragistas cobraram força, defendendo o direito de voto das mulheres. Nos anos 1960 surgiu uma nova onda de movimentos feministas, dessa vez questionando a opressão patriarcal sobre a sexualidade das mulheres, e o progresso das técnicas anticoncepcionais teve efeitos fundamentais, desvinculando a sexualidade da maternidade (Burin, 2010).

Na década de 1980 ocorreram duas movimentações importantes. Surge o chamado *feminismo das diferenças*, com autoras conto Luce Irigaray e Julia Kristeva, psicanalistas que fazem uma releitura do feminino insistindo em reconhecer aspectos como a sensorialidade, a sensibilidade e a ética dos cuidados como valores que enaltecem as mulheres. Por outro lado, os homens começam a questionar-se sobre os efeitos do patriarcado na construção da masculinidade. Os estudos de gênero se aprofundam nas pesquisas sobre a masculinidade, surgem propostas sobre as *novas masculinidades*, e nas décadas seguintes vários psicanalistas e antropólogos (Badinter, Silvia Bleichmar, Mabel Burin, Volnovich, entre outros) estudam o tema mostrando como na psicanálise o tema da masculinidade tinha ficado mais naturalizado que o da própria feminilidade – visto que a feminilidade teve sua complexidade assinalada já por Freud, permitindo que fosse sempre mais interrogada.

Nesse percurso, vemos a força de movimentação que a categoria de gênero e os estudos de gênero tiveram nas ciências humanas, nos movimentos sociais e na própria psicanálise. Ocorreu um desdobramento das temáticas enfocadas por esses estudos, inicialmente voltados para as feminilidades, em seguida incluindo as masculinidades e, mais recentemente, as diversidades.

Sua importância está em incluir os aspectos psicológicos, sociais e históricos vinculados à masculinidade e feminilidade, criticando a naturalização, essencialização e universalização dos conceitos; marcando a presença dos valores morais na própria construção dos conceitos, ligando isto aos jogos de poder social. Em última instância, o conceito de gênero permite pensar as relações entre sexo, identidade e poder.

No entanto, nos últimos anos, muitas críticas vêm sendo feitas à categoria de gênero, a partir da constatação de que ela foi pensada dentro da binaridade masculino-feminino; na lógica binária, a diferença é conceitualizada em termos de "um ou outro", o que está no lugar do um ocupa uma posição hierarquicamente superior, enquanto o outro fica no lugar do desvalor.

Sabemos que essa binaridade foi estabelecida pela cultura, pois o gênero não é binário por natureza, ele pode ser plural; quanto a isso, é só pensar no fenômeno das *berdaches* nas comunidades indígenas americanas: homens que adotavam roupas e funções de mulher e formavam casal com outros homens, assim como mulheres que se vestiam como homens, eram guerreiras e participavam também das atividades de caça (Bleichmar, 2006). Ou, pensar também, na figura existente na Albânia, as *burrneshas*, que em albanês quer dizer "forte como um homem"; mulheres que no fim da adolescência trocam de nome, assumem a castidade, abandonam as roupas de mulher e passam a se vestir, se comportar e assumir o papel social de homens. Essa mudança de gênero é feita algumas vezes pelas moças que se recusam a casar com o homem que lhes fora destinado, mas que se caso casassem com outro homem, provocariam uma desonra que culminaria em uma guerra entre famílias. A transformação para burrnesha também ocorre dentro de famílias que não tem filhos homens, como uma forma de preservar a herança que só se fazia de pai para filho (Neves, 2014).

O que vem sendo questionado é que a categoria de gênero desnaturalizou o masculino e o feminino, mostrando que são construções sociais, mas não desnaturalizou a binaridade e a heterossexualidade compulsória, mantendo, portanto, a lógica desigual (Fernandez, 2012). Com efeito, assim como havia uma hierarquia entre homens e mulheres, agora há uma relação hierárquica entre heterossexualidade e outras formas de sexualidade, e estas – como a homossexualidade, a bissexualidade etc. – ficam patologizadas.

Isto tem gerado reivindicações dos movimentos LGBTT (lésbicas, gays, bissexuais, transgêneros e travestis) que se sentem discriminados e exigem igualdade de direitos, solicitando uma mudança da ordem simbólica que os retire da marginalidade; pois nesse lugar, sofrem preconceitos, causa de um importante sofrimento psíquico. Eles têm denunciado a forma em que o gênero organiza socialmente as diferenças e propõem uma passagem do pensamento das diferenças à diversidade.

Por outro lado, pensadores das ciências humanas como a filósofa americana Judith Butler desconstroem a própria noção de gênero. Butler (1990) critica as categorias de gênero como categorias identitárias, questiona o fixo da identidade de gênero e o binarismo; construção de categorias que, segundo a autora, oprimem a singularidade. Para ela, o corpo não se reduz à identidade, pelo contrário, como corpos somos sempre algo mais e algo outro que nós mesmos. Embora o conceito de gênero surja em oposição ao essencialismo biológico, para a autora a cultura também pode essencializar-se como instrumento de poder. Ela afirma que, se não aceita a "anatomia como destino", também não aceita "a cultura como destino", defendendo que há um permanente remodelamento dos gêneros e da construção de corpos. Defende também as potencialidades dos corpos, que poderiam exercer melhor a sua singularidade se não estiverem presos aos discursos que os encaixam em categorias.

Butler questiona os princípios de unidade, uniformidade e coerência que Money colocara como básicos da identidade de gênero. Para ela, as identidades sexuais não podem ser pensadas como representações com base na referência binária, ao contrário, elas tentam superar a ideia da representação pela teoria performativa do sexual, na qual múltiplos discursos na sua repetição vão construindo corpos e identidades. A proposta feita por vários autores contemporâneos da diversidade não nos coloca só para pensar sobre a binaridade identitária, mas também sobre a forma na qual se constroem as identidades (Butler, 1990).

Vemos que um eixo foi se montando ao longo dos tempos: o do sexo único ao masculino-feminino, das masculinidades e feminilidades e finalmente à diversidade.

A sexualidade como busca de uma solução

Como disse anteriormente, a categoria de gênero foi sendo incluída por nós, analistas, a partir do reconhecimento de que ela permite a ampliação do campo de pensamento sobre a construção da sexualidade. Se antes pensávamos em sexo biológico e diferença sexual, agora se pensa em sexo biológico, identidade de gênero, diferença sexual e identidade sexual.

Dei o nome a essa conferência de *Sexualidade: destino ou busca de uma solução?*, mas o que quero dizer com busca de solução se me ocupei de argumentar que não é do destino anatômico que se trata?

Vamos por passos: uma questão que a inclusão da categoria de gênero tem levantado é a de como incorporar a identidade de gênero na psicanálise sem colocá-la em lugar da psicanálise, ou seja, como não converter a psicanálise numa antropologia, e, fundamentalmente, como não esquecer a grande descoberta da psicanálise, a descoberta do inconsciente e todas as implicações desta na construção do psiquismo, do corpo e da identidade sexual. Para Money, a identidade de gênero é da ordem da consciência, da vontade, do território do ego. Para os psicanalistas, a categoria de gênero só pode ser pensada no entroncamento do sistema sexualidade-gênero.

Penso que o gênero é um importante núcleo identitário ao redor do qual se montam os processos identificatórios e, inclusive, se o gênero é da ordem da atribuição, a identidade de gênero se constrói por identificação ao atribuído.

Na psicanálise, a sexualidade se constitui como uma rede complexa de diferentes estratos psíquicos e da cultura, abrangendo: a sexualidade ampla como pulsionalidade perverso-polimorfa, que se constitui no seio da alteridade e a partir dos vínculos primários; a sexualidade infantil e as fantasias nela construídas e que modificam o corpo; o narcisismo e o ego; e a inclusão das diferenças (processo de sexuação que conduz à identidade sexual).

Para Freud, o acesso à diferença dos sexos é um ordenador simbólico que tem efeitos retroativos sobre o anterior. Neste conjunto complexo, cada um precisa articular uma solução. A sexualidade na psicanálise é pensada na história da erotização do corpo, das montagens pulsionais e dos caminhos identificatórios. É necessário pensá-la também na sua dimensão sócio-histórica, na qual há que se considerar o saber sobre a sexualidade, as normatividades das formas eróticas e das formas de amar, as formas de subjetividade e de laço social nos momentos da história e da cultura. Saberes, sistemas de poder e formas dos sujeitos se reconhecerem na sua sexualidade. Relação de saberes e poderes, na qual discursos sobre as práticas eróticas impõem critérios de normalidade e moralidade, e influenciam a forma com que cada um se relaciona com sua sexualidade.

Sexo, gênero e desejo articulam-se para a psicanálise de maneira complexa. Pelo eixo do desejo, a sexualidade se conecta com o objeto e com o amor. Nessa rede complexa tenta-se buscar uma solução para o enigma, mas qual? O enigma das origens? Das diferenças? Das excitações e mensagens introduzidas no corpo no mais primário? Dos gêneros? A sexualidade, para a psicanálise, não está a serviço da reprodução e sim da criatividade, da inventividade do sujeito para encontrar uma solução singular. A singularidade é a marca fundamental na psicanálise.

O corpo erógeno se constrói na história particular, história esta em que se entrecruzam o corpo e a cultura, abrindo o campo para as múltiplas identificações possíveis, para o reconhecimento das marcas da repetição e para a abertura da invenção do singular. A ampliação do imaginário social, a inclusão dos excluídos, a diminuição dos preconceitos, a possibilidade do reconhecimento da alteridade e da diferença favorecem a construção da singularidade sexual.

Se a sexualidade é sempre uma construção singular, será que é preciso pensar de uma forma, quando há uma coincidência de corpo, gênero, desejo e escolha de objeto, e inventar uma outra para pensar as "outras sexualidades"? Ou, pelo contrário, seria melhor pensar que a sexualidade de cada um se monta como uma equação que tende a articular o corpo, o gozo, o desejo e o amor, numa solução singular? Joyce McDougall (1999) cunhou o termo *neossexualidades* para pensar a criação de dramas eróticos complexos como soluções para os eventos traumáticos do início da vida.

No entanto, a própria autora no final do seu texto "Teoria sexual e psicanálise" levanta a seguinte questão: se toda sexualidade é traumática, se a dificuldade do sujeito humano para pertencer a um gênero e ser sexuado está sempre presente, e se cada um tem que encontrar uma solução, "finalmente, não se poderia propor, então, que a totalidade da sexualidade humana consistiria basicamente de neossexualidade?" (McDougall, 1999, p. 25). Essa forma de pensar talvez nos ajude a escapar das *lógicas desigualadas*.

Muitos são os psicanalistas que, atualmente, se empenham em pensar como o sexual e o gênero se entralaçam, assim como em superar uma concepção de gênero que, pela sua fixidez e suposta coerência – características enfatizadas por Money –, deixa pouco espaço para que caibam as transformações. Têm sido numerosas, as publicações psicanalíticas que tendem a trabalhar o entroncamento do gênero com a sexualidade mais primária e também a articulação das categorias de gênero na constituição do narcisismo e das instâncias ideais, bem como a articulação das categorias de gênero com o processo de sexuação e o reconhecimento das diferenças.

Ou seja, como inserir a noção de gênero na fragmentaridade, complexidade e no campo conflitivo em que a vida psíquica é pensada pela psicanálise? A seguir, proponho dois exemplos de autores que se empenharam neste trabalho:

Nathalie Zaltzman, que, tentando retirar a ideia de identidade de gênero como um bloco fixo e coerente, pensa que essa atravessa, com uma permanência "instável" todas as fases da vida libidinal, nunca assegurada, o que faz que alguém, a partir de um objeto de amor ou ódio, possa ser lançado ao "paroxismo de uma indeterminação", sobretudo se a inscrição deixada pela mãe foi mais atormentada e indecisa. Mas essa inscrição é da ordem de fragmentos que circulam indefinidamente na história do sujeito, da ordem do inconsciente, do sexual, ainda que eles possam fragilizar as aquisições narcisistas. Ao mesmo tempo, a autora alerta que nem tudo se reduz à sexualidade infantil, pois a vida sexual genital e a vida amorosa do adulto mobilizam as forças que ficaram "na sala de espera do passado", permitindo reescrever parte do roteiro. Nas palavras da autora: "o capital inconsciente é um capital flutuante sempre em vias de constituição retroativa" (Zaltzman, 1999, p. 108). Vemos assim como fluidez, inconsciência, fragmentação e mobilidade vão sendo reintroduzidas nas releituras sobre a identidade de gênero.

Um grande trabalho também tem sido empreendido por alguns autores para articular o conceito de gênero com o inconsciente. Exemplo disso é o trabalho de Jean Laplanche, que junta a noção de *mensagem* com a de *gênero*. Para o autor, às mensagens enigmáticas do outro, que os adultos transmitem junto aos cuidados corporais nos primeiros tempos, na linha do apego, temos que acrescentar as mensagens do socius, e dentro destas as referidas à *designação de gêneros*. As primeiras são mensagens conscientes e pré-conscientes, mas que estão atravessadas pelo inconsciente dos adultos na forma de "ruídos" – conceito da teoria da comunicação – que perturbam a mensagem. As mensagens de designação de gênero também estão perturbadas pelos ruídos produzidos pelos desejos, fantasmas, expectativas inconscientes daquele que assigna o gênero. O sexual (a sexualidade infantil, perversa polimorfa) dos pais se infiltra provocando ruído na designação. Dessa forma, Laplanche reinsere o inconsciente tanto de quem atribui o gênero, quanto daquele que recebe a atribuição. Sendo assim, o autor questiona a ideia do gênero livre de conflito: "o gênero seria verdadeiramente não conflitivo ao ponto de considerar-se uma premissa inquestionável? Haveria expulsado, por assim dizer, o conflitivo fora de si, sob a forma do sexual?" (Laplanche, 2006).[2]

---

2 Recuperado de http://revistaalter.com/revista/el-genero-el-sexo-lo-sexual-2/-937/.

Para o autor, a designação é um conjunto de atos que inclui linguagem e comportamentos do entorno, um verdadeiro "bombardeio de mensagens". Portanto, se o gênero é atribuído, designado; por estar infiltrado pelos desejos inconscientes do adulto ele é também enigmático (Laplanche, 2006).

Dejours (2006), comentando Laplanche, explora esse questionamento refletindo sobre como a atribuição de gênero à criança pode ser enigmática, inclusive para o próprio adulto:

> . . . *Quando os adultos atribuem um gênero a uma criança, eles mesmos não sabem exatamente o que entendem por macho ou fêmea, masculino ou feminino, homem ou mulher. E fácil significar a uma criança que ele é um homem. Mas, o que quer dizer ser um homem para o adulto que pronuncia esta atribuição? Seguramente podemos afirmar que, por meio desta atribuição de gênero, o adulto, sabendo-o ou não, confronta a criança com tudo o que pode haver de ambíguo na diferença anatômica de sexos e no sexual, e isso por causa de suas próprias ambivalências, incertezas e conflitos internos.*[3] *(Dejours, 2006, p. 7, tradução nossa)*

O outro ponto que vem sendo trabalhado por uma quantidade significativa de autores é a construção do tecido que cruza os fios da sexualidade e do gênero, mas falta muito caminho para percorrer neste sentido. O trabalho sobre os processos de sexuação e a tentativa de separar o que é teórico e o que é ideológico nos conceitos que correspondem a esse processo tem sido trabalho importante em muitos autores (Alonso & Fuks, 2014).

---

[3] Recuperado de http://revistaalter.com/revista/por-una-teoria-psicoanalitica--de-la-diferencia-de-sexos-introduccion-al-articulo-de-jean-laplanche/934/.

A cena social

A clínica contemporânea tem nos colocado frequentemente em contato tanto com a diversidade nas apresentações do sexual, quanto com o diverso no psiquismo. Ou seja, nos coloca frente às diversas formas do erótico e com as suas mudanças em cada cultura, mas também com o diverso do sexual, ou seja, com o não erótico no psiquismo; o não ligado, o além de Eros (Marucco, 2010). A clínica, portanto, nos solicita uma abertura em relação ao fora, ao ampliar o campo de pensamento tanto para o laço social quanto para os aprofundamentos dentro da metapsicologia, na possibilidade de darmos conta do que está em jogo nas novas figuras clínicas.

Uma parte dos trabalhos que serão apresentados debaterão figuras clínicas presentes na contemporaneidade, assim como reformulações metapsicológicas e estratégias clínicas que tentam dar conta delas.

Ao olharmos para a cena social contemporânea, nos deparamos com muitas mudanças e também com muitas contradições:

1) As masculinidades e as feminilidades mudaram nos seus perfis, nos ideais, estéticas dos corpos, lugares sociais, econômicos e de trabalho. As mulheres conseguiram espaços que antes não ocupavam, os homens começaram a incluir aspectos da afetividade e da sensibilidade que antes precisavam recalcar. As transformações criaram na vida cotidiana novos prazeres e novos sofrimentos.

Claro que essas transformações convivem com muito do antigo que se mantém e às vezes até se acentua, como as violências contra as mulheres são muito frequentes, os feminicídios (assassinatos por violência de gênero) também. Na edição de um jornal do dia 8 de março de 2015, encontramos numa página o depoimento de uma moça que aos 12 anos fora submetida à mutilação genital em Serra Leoa, com todos os sofrimentos decorrentes do ato. No mesmo jornal, está o depoimento de alunas transexuais que adotam novo nome na escola, direito conseguido por uma norma de 2014, que concede às pessoas transexuais e travestis o direito de serem chamadas pelo nome escolhido, de acordo com a identidade de gênero, nas escolas de São Paulo.

2) Os desenvolvimentos tecnológicos que fizeram possíveis histerectomias, mudanças de sexo e reprodução assistida desnaturalizaram a reprodução humana. Encontramos um novo panorama no campo da reprodução, com barrigas de aluguel, doação de óvulos e esperma, extensão da época de gravidez, fertilização *in vitro*, pelos quais a sexualidade e a reprodução se separaram radicalmente. Se o modelo freudiano já tinha feito essa separação pela sua proposta sobre a sexualidade, o avanço nas técnicas de reprodução assistida fez um corte imenso. O desejo de filho se separou claramente daquilo que junta o casal. O modelo heteronormativo era fundamental para garantir a reprodução da espécie, mas o novo panorama da reprodução abriu muitas outras possibilidades; porém, junto a elas, trouxe questões éticas importantes.

3) Esses desenvolvimentos possibilitaram as mudanças de lugares, de parentalidades e de organizações familiares. Famílias monoparentais, homoparentais, famílias com filhos de diferentes procedências ("os meus, os teus, os nossos"), casais separados com filhos muito pequenos. Assim como lugares diferentes para os corpos. O corpo entra no lugar da mercadoria, muito diferente do corpo sacrossanto da

sociedade vitoriana. As mudanças nos laços de aliança e de filiação constroem um simbólico no qual se realiza a construção dos corpos.

4) No sistema jurídico, mudancas legais vão acontecendo, desde as que permitem ou não mudança de nome, casamentos gays, guarda compartilhada, ainda quando os avanços vão em ritmos diferentes nos distintos territórios. Foi incluído em junho de 2015, como cláusula constitucional na Irlanda, o casamento entre pessoas do mesmo sexo. Em 2013, a Alemanha se converteu no primeiro país europeu a incorporar três gêneros: masculino, feminino e neutro ou indefinido. O que não quer dizer que o mundo não esteja cheio de violências homofóbicas e práticas discriminatórias.

5) Encontramos um aumento significativo da visibilidade de outras apresentações e práticas sexuais distante dos modelos binários tradicionais, o que tornou mais complexa a questão das diferenças, dos itinerários do desejo e das identificações. Retirar a patologização daqueles que podem ser caminhos singulares e não desvios, certamente diminui o sofrimento. O que a psicanálise trata é o sofrimento psíquico em qualquer identidade sexual e não a identidade sexual.

Como psicanalistas, por um lado nos interessa o corpo erógeno e sua construção na história singular, mas não podemos desconhecer a importância que tem a forma em que o corpo aparece no discurso social. Judith Butler, em uma entrevista de 1996, durante sua visita à Holanda (Prins & Meijer, 2002), define como corpos abjetos aqueles cujas vidas não são consideradas vidas. Para a autora, os discursos habitam os corpos e os corpos carregam os discursos como parte do seu próprio sangue.

6) Entre os jovens, observarmos uma crise significativa dos sistemas identitários coletivos. Uma importante questão em jogo é como se formam as identidades: as pesquisas têm mostrado um crescimento significativo no número de jovens que rejeitam as nomenclaturas existentes para definir a sua identidade sexual, assim como a ideia de construir uma identidade sexual fixa a partir de sua prática sexual. A existência das redes sociais tem introduzido questões importantes sobre esse tema.

Nós, psicanalistas, não podemos fechar os olhos às mudanças que estão no mundo e que se apresentam na clínica. Não podemos ignorá-las, da mesma forma que não podemos generalizá-las; existem diferenças de culturas, de classes, de países, de religiões. Não podemos patologizá-las como tentativa de não repensar a psicanálise. As mudanças sociais legais e tecnológicas vêm interrogar a identidade sexual, as teorias da diferença e as formas de trabalho na clínica.

Diante das formas de regulação social, a psicanálise pode simplesmente confirmá-las ou apontar instrumentos para pensá-las. Como afirma Laplanche, numa entrevista concedida a Alberto Luchetti:

> *. . . o ser humano tem obrigação de encontrar meios de enquadrar a sexualidade infantil. Se não o faz, vai à morte tanto individual quanto coletiva. Agora bem, o enquadramento que imperou durante um momento histórico tornou-se obsoleto, se faz necessário encontrar algum outro. Mas a sexualidade perversa infantil não*

pode ficar anárquica porque levaria a morte.[4] *(Luchetti, 2007, p. 1).*

O objetivo da Jornada é nos debruçarmos sobre toda essa complexidade, considerando as perspectivas e diferentes experiências. Esperamos que seja um bom laboratório e que colabore com essa alquimia, que pela sua complexidade precisa de muitos participantes e de muitas trocas para poder avançar. Espero que consigamos uma troca fecunda e que, se não encontrarmos soluções, possamos sim apontar caminhos e divergências. Bom trabalho para todos!

Referências

Alonso, S., & Fuks, M. (2014). A construção da masculinidade e a histeria nos homens na contemporaneidade. In P. Ambra & N. Silva Jr. (Orgs.), *Histeria e gênero*. São Paulo: NVersos.

Beauvoir, S. (1998). *El segundo sexo*. Madrid: Cátedra.

Bleichmar, S. (2006). *Paradojas de la sexualidad masculina*. Buenos Aires: Paidós.

Burin, M. (2010). Estudios de género. Reseña histórica. In M. Burin & I. Meler (Orgs.), *Género y familia: poder, amor y sexualidad en la construcción de la subjetividad*. Buenos Aires: Paidós.

Butler, J. (1990/2003). *Problemas de gênero: feminismo e subversão de identidade*. Rio de Janeiro: Civilização Brasileira.

Butler, J. (2002). *Cuerpos que importan: sobre los límites materiales y discursivos del "sexo"*. Buenos Aires: Paidós.

---

4 Recuperado de http://revista-alter.bthemattic.com/files/2014/11/7.-Extractos--de-una-conversaci%C3%B3n-con-Jean-Laplanche-v.-ALTER.pdf.

Dejours, C. (2006). Por una teoría psicoanalítica de la diferencia de sexos. Introducción al artículo de Jean Laplanche. *Revista Alter*, (2). Recuperado de http:// revistaalter.com/revista/por-una-teoria-psicoanaIi1ica-de-la-diferencia-de-sexos-introduccion-al-articulo-de-jean-laplanche/934/.

Fernández, A. (2012). *Las lógicas sexuales: amor, política y violencias*. Buenos Aires: Nueva Visión.

Freud, S. (1992a). Tres ensayos de teoría sexual. In S. Freud, *Obras Completas* (Vol. 7). Buenos Aires: Amorrortu. (Obra original publicada em 1905)

Freud, S. (1992b). Un recuerdo infantil de Leonardo da Vinci. In S. Freud, *Obras Completas* (Vol. 11). Buenos Aires: Amorrortu. (Obra original publicada em 1910)

Freud, S. (1992c). El sepultamiento del Complejo de Edipo. In S. Freud, *Obras Completas* (Vol. 19). Buenos Aires: Amorrortu. (Obra original publicada em 1924)

Freud, S. (1992d). 33ª Conferencia: La feminidad. In S. Freud, *Obras Completas* (Vol. 22). Buenos Aires: Amorrortu. (Obra original publicada em 1932)

Jones, E. (1966). La fase precoz de la sexualidad femenina. In E. Jones, *La sexualidad femenina*. Buenos Aires, Cardex.

Jones, E. (1935). Early female sexuality. In E. Jones, *Papers on Psychoanalysis*. Boston, Mass.: Beacon Press.

Laplance, J. (2006). El género, el sexo, lo sexual. *Revista Alter*, (3). Recuperado de http://revistaalter.com/revista/el-genero-el-sexo-lo-sexual-2/937/

Luchetti, A. (2007). Extractos de una conversación con Jean Laplanche. *Revista Alter*, (3). Recuperado de http://

revista-alter.btheMattic.com/files/2014/11/7.-Extractos-de-una-conversacion-con-Jean-Laplanche-v.-ALTER.pdf.

Marucco, R. (2010). Cuestionario. In B. Zelcer (Org.), *Diversidad sexual*. Buenos Aires: Lugar.

McDougall, J. (1999). Teoria sexual e psicanálise. In P. Ceccarelli (Org.), *Diferenças sexuais*. São Paulo: Escuta.

Money, J. (1982). *Desarollo de la sexualidad humana*. Madrid: Morata.

Neves, L. (2014, 9 de março). Na Albânia, mulheres "viram" homens. *Folha de São Paulo*, p. A-16.

Person, E., & Ovesey, L. (1999). Teorias psicanalíticas da identidade de gênero. In P. Ceccarelli (Org.), *Diferenças sexuais*. São Paulo: Escuta.

Prins, B., & Meijer, I. (2002). Como os corpos se tornam matéria: entrevista com Judith Butler. *Rev. Estud. Fem.*, *1*(10) Recuperado de http://www.scielo.br/scielo.php?script=sci_arttext&pid=S0104-026X2002000100009

Stoller, R. (1968). *Sex and Gender*. Nova York: Jason Aronson.

Stoller, R. (1978). *Recherche sur l'identité sexuelle*. Paris: Gallimard.

Zaltman, N. (1999). Do sexo oposto. In P. Ceccarelli (Org.), *Diferenças sexuais*. São Paulo: Escuta.

6. O conceito de gênero retrabalhado no marco da teoria da sedução generalizada[1]

Jean Laplanche, um dos mais importantes analistas pós-freudianos, sustentou algumas posições em relação à formação, à análise dos analistas e às instituições, que, somadas à sua extensa produção teórico-metapsicológica, o fizeram ocupar um lugar de enorme influência para analistas do mundo todo. Sua proposta de *fazer trabalhar a psicanálise* – de voltar a Freud para levar seu pensamento adiante –, a partir dos seus elementos mais avançados, guiaram o intenso trabalho que Laplanche realizou sobre a obra de Freud, não a partir de uma exterioridade e sim permitindo um *trabalho de parto*, na analogia criada por ele próprio. *Fazer trabalhar* Freud, para Laplanche, significa empurrar suas contradições para que deem à luz. Uma herança rica de seu trabalho, adotada por muitos analistas para manter vivo e em movimento os fundamentos freudianos.

Sua obra tem entre seus méritos, o de tirar do esquecimento ou da banalização muitos dos conceitos freudianos e aproveitá-los

---
[1] Este texto foi publicado originalmente em *Percurso*, 29(56-57), 81-90, 2016.

em sua riqueza, esclarecendo mal-entendidos, acompanhando suas construções, mostrando como as ideias avançam e por vezes retrocedem, como aparecem e depois se perdem, enfim, oferecendo-nos um método de trabalho de imenso valor.

Muitos de nós, na década de 1970, no caminho marcado pela consigna de *retorno a Freud*, tivemos como bússola de leitura os textos de Laplanche, como o *Vocabulário de Psicanálise* (1967), traduzido para mais de vinte línguas. Um produto do intenso trabalho de pesquisa sobre os conceitos freudianos, no qual se debruçou junto com Jean-Bertrand Pontalis, a partir de 1960. Além dele, fomos guiados também por *Vida e morte em psicanálise*, *A sexualidade*, os seminários ministrados desde 1962 na Escola Normal e desde 1969 na Sorbonne (Universidade Paris VII), que foram reunidos mais tarde na publicação das *Problemáticas*, bem como outros trabalhos que se seguiram. Para muitos de nós, tanto a sua obra, quanto as suas posições no campo psicanalítico deixaram marcas significativas.

Não foi por acaso que, das três vezes que Laplanche veio à América Latina, uma delas foi pelo Departamento de Psicanálise do Instituto Sedes Sapientiae. Em 1990, Laplanche participou na Argentina da Jornada *El inconsciente y la clínica psicoanalítica: trabajar sus fundamentos*; em 1993, no evento *Jean Laplanche em São Paulo*, organizado justamente pelo nosso Departamento; e em agosto de 1998 retornou ao Brasil para participar do *IV Colóquio Internacional Jean Laplanche em Gramado: O recalcamento como condição da indicação e da condução da cura*.[2] Sua atuação em São

---

2 Essas informações estão incluídas no texto que escrevi a pedido do Boletim Eletrônico e publicado no número 21, de junho de 2012, em homenagem à morte de Jean Laplanche. Nele constam também outros dados sobre sua vida e obra.

Paulo deixou marcas importantes no trabalho de transmissão do Curso de Psicanálise.

Escolhi centrar este artigo no acompanhamento da forma como Laplanche trabalha o conceito de gênero e como se dá sua inclusão no marco de sua proposta teórica da *teoria da sedução generalizada*. Esse caminho pode nos oferecer uma boa possibilidade de visualização do trabalho metodológico do autor e seu cuidado com os fundamentos da psicanálise.

Introduzir o conceito de gênero

Em 2003, foi publicado o artigo "O gênero, o sexo e o Sexual".[3] Laplanche o apresenta como sendo uma síntese de seu seminário de ensino e pesquisa na Associação Psicanalítica da França sobre a questão da "identidade sexual", como denominada na psicanálise. Laplanche se pergunta sobre a tendência atual em se falar de "identidade de gênero", levantando uma primeira questão: essa mudança de nomeação é positiva ou está a serviço do recalque do pensamento? Desta maneira, o autor alerta sobre o perigo que representaria pensar em gênero sem sexualidade, o que anularia a descoberta freudiana fundamental.

Sabemos que o conceito de gênero, muito presente nas reflexões contemporâneas e introduzido no campo da psicanálise por Robert Stoller em 1968, vem levantando muitas reflexões entre os psicanalistas. Visto por muitos de nós como um conceito importante na ampliação do pensamento e enriquecedor no entendimento da construção da subjetividade o gênero tem gerado perguntas sobre como pensar seu entrecruzamento com conceitos

---

[3] Disponível na versão virtual da revista *ALTER*, n. 2, e recentemente incluída no livro *Sexual: a sexualidade ampliada no sentido freudiano*, de J. Laplanche.

fundamentais da psicanálise, ou seja, como trabalhar na direção de ampliar o campo conceitual psicanalítico, preservando aquilo que ela tem de fundamental, não usando a inclusão de novos conceitos para descartá-la ou encobri-la naquilo que lhe é peculiar. Caminhando nessa direção, Laplanche se preocupa em não entrar simplesmente na tendência *da moda* e se pergunta a serviço do que se fazem certas mudanças de nomeação e quais podem ser suas consequências, alertando para que a mudança de nomeação não acabe sendo um deslocamento do *Sexual* – descoberta freudiana fundamental, na visão do autor – para o sexuado. Mais à frente, no texto, Laplanche vai se perguntar: "introduzir o gênero em psicanálise seria estabelecer um pacto com aqueles que querem arrefecer a descoberta freudiana? Ou seria, paradoxalmente, um meio de reafirmar, ao contrário, o inimigo íntimo do gênero, o Sexual?".[4] Será a Freud que Laplanche irá apelar frente à interrogação de por que introduzir o gênero, afirmando que o gênero estava presente em Freud ainda que nas entrelinhas, não nomeado, o que se explica pelo fato de a língua alemã não permitir o termo. Teríamos que acrescentar que os estudos de gênero surgiram mais tardiamente.

Ou seja, o autor está preocupado em pensar de que forma se introduz o conceito de gênero para que venha ampliar a psicanálise preservando seus fundamentos e não para descartá-la ou deixar de lado o seu eixo fundamental: o da sexualidade. Como afirma Christophe Dejours, na introdução feita por ele na publicação do texto de Laplanche:

> ... *se esse risco pode ser descartado é porque Laplanche aborda o gênero de uma forma extremamente original: sem perder de vista sua especificidade sociológica, trata*

---

[4] J. Laplanche, *Sexual: a sexualidade ampliada no sentido freudiano 2000-2006*, p. 162.

> *o conceito de gênero a partir da criança e não da sociedade. . . . O gênero segue sendo uma categoria social, mas sua integração na teoria sexual passa por uma análise da forma em que essa categoria é recebida e metabolizada pela criança . . . trabalho psíquico específico e ativo que a criança põe em marcha em resposta a uma mensagem ou uma série de mensagens . . . trabalho psíquico que, procedente da categoria da tradução, nos distancia da noção de interiorização, tão apreciada pelos sociólogos.[5] (Dejours, 2006, p. 2, tradução nossa)*

Essas questões colocadas por Laplanche dizem muito do que sempre foi a postura do autor, em relação aos conceitos e sua perspectiva de como a psicanálise se amplia ou faz crescer suas fronteiras na conversa com os domínios científicos vizinhos. Na introdução do seu texto "Novos fundamentos para a psicanálise", Laplanche afirma que "problematizar" é partir do aparentemente lógico e colocá-lo em questão, sendo que a partir dessas problematizações se alcançam "novos ordenamentos, novos conceitos ou um novo ordenamento dos conceitos" (Laplanche, 1987, p. 9). Nesse mesmo texto, ele propõe quatro domínios científicos vizinhos com os quais a psicanálise dialoga: o biológico, o filogenético, o mecanicismo e o linguístico. Nesse diálogo de fronteiras ele insere a relação sexo-gênero.

Laplanche (2003) reafirma sua posição sobre a importância dessa conversa e defende: é para incluir sim o conceito de gênero na psicanálise, porém com duas condições: *recuperando a sexualidade e problematizando o conceito.*[6] Sua preocupação com a atuali-

---

5 C. Dejours, "Por una teoría psicoanalítica de la diferencia de sexos. Introducción al artículo de Jean Laplanche". Tradução livre.
6 J. Laplanche, *Sexual: a sexualidade ampliada.*

zação permanente dos fundamentos da psicanálise coloca em foco a sexualidade, já que para Laplanche a psicanálise é principalmente "uma teoria da sexualidade"; ela é um dos seus fundamentos e só pode sê-lo porque é fundamental no ser humano.

Não foram poucas as vezes ao longo de sua obra em que Laplanche se contrapôs a desenvolvimentos de autores que poderiam tentar esvaziar o pensamento psicanalítico desse fundamento. Voltando ao texto "O gênero, o sexo, o Sexual", Laplanche esclarece de que sexualidade está falando, separando o Sexual do sexuado. Enquanto o sexuado implica a diferença dos sexos, o Sexual é uma sexualidade não procriadora ou mesmo não sexuada; é essencialmente o sexual perverso infantil.[7] Esta sexualidade é infantil, "autoerótica, regida pela fantasia, regida pelo inconsciente" (Laplanche, 2008, p. 156). Anterior à diferença dos sexos, ela é "oral, anal, paragenital",[8] que busca a tensão como caminho do prazer, enquanto o sexuado busca a descarga. A principal diferença entre os registros é que o Sexual é o proibido, aquilo que o adulto condena, portanto, "o Sexual é o recalcado, ele é recalcado por ser Sexual".[9]

Relação sexo-gênero

O que interessa para Laplanche é pensar a relação existente entre gênero e sexo. Referindo-se à forma com que alguns autores pensaram essa dupla, Laplanche vai introduzir algumas críticas a eles. Stoller[10] e muitos autores que o seguiram, por exemplo, teriam re-

---
7 J. Laplanche, *Sexual: a sexualidade ampliada*, p. 156.
8 Ibid., p. 157.
9 Ibid., p. 158.
10 Stoller retoma os estudos do sexólogo John Money, a partir dos quais o conceito de gênero entrou como componente importante na constituição da identidade, e em 1968 importou o termo para a psicanálise.

tomado a oposição biológico (inato) e psicossocial (adquirido), esquecendo-se de que o biológico pode ter expressão psíquica e que o psíquico tem contrapartida neurofisiológica. Nessa compreensão seria mantida, portanto, um binarismo no qual o sexo é entendido como biológico e o gênero como sociocultural, binarismo ao qual Laplanche tenta se opor na sua formulação sobre a relação entre os dois termos. A crítica central feita pelo autor está no fato de o sexo ser entendido como biológico e o gênero como psicossocial, o que implica uma volta ao reducionismo e um retorno à oposição biologia-sociologia. Laplanche distingue sexo e gênero, dizendo que é insustentável colocar de um lado a anatomia e de outro a psicologia. Em 1973-74, o sexo já é definido nas *Problemáticas II* como "o conjunto de determinações físicas ou psíquicas, comportamentos, fantasias, ... diretamente ligados à função e ao prazer sexuais" enquanto gênero é entendido como "o conjunto de determinações físicas ou psíquicas, comportamentos, fantasias etc. ligados à distinção masculino-feminino" (Laplanche, 1988, p. 26). Já em 2003, ao retomar o tema, Laplanche procura entender a relação sexo-gênero na sua complexidade, construindo uma tríade: gênero/sexo/Sexual, e pensando mais especificamente a gênese infantil nesta tríade.

Retomando as definições de Laplanche (2015):

> *O gênero é plural. É geralmente duplo, com o masculino-feminino, mas não o é por natureza. É muitas vezes plural como na história das línguas e na evolução social.*
>
> *O sexo é dual. Ele o é pela reprodução sexuada e também por sua simbolização humana, que fixa e engessa a dualidade em presença/ausência, fálico/castrado.*

O Sexual é múltiplo e polimorfo. Descoberta fundamental de Freud, ele fundamenta-se no recalque, no inconsciente, na fantasia. É o objeto da psicanálise.

Proposição: o Sexual é o resíduo inconsciente do recalque simbolização do gênero pelo sexo. (p. 155)

Teoria da sedução generalizada

Para entendermos essas proposições, é necessário nos remetermos à *teoria da sedução generalizada*, concebida pelo autor. Teoria pela qual Laplanche tenta dar conta do que está presente nas origens do ser humano, aquilo que seria da ordem do *originário* – não concebido como *um tempo mítico* nem como uma categoria filosófica abstrata e sim concretamente como o *real humano*. Situação originária, *situação antropológica fundamental*, da qual participam a criança e o adulto.[11] Nessa situação originária, a assimetria é estruturante e está dada por uma diferença fundamental: o adulto tem um inconsciente sexual e a criança, não. Para caracterizar melhor essa situação inicial, o autor se refere a uma criança em estado de *desajuda*, ou seja, incapaz de ter uma resposta própria para as necessidades, frente a uma excessiva excitação interior e com uma imensa realidade perceptiva. Do ponto de vista do adulto, Laplanche refere-se a um duplo registro: por um lado há uma relação aberta, interativa, e por outro uma dimensão desigual, já que está implicada a sexualidade. Ou seja, "há um sedutor e um seduzido, um desviador e um desviado."[12] Essa situação originária está além das contingências, ela é da índole do universal.

---

11 J. Laplanche, *Novos fundamentos para a psicanálise*.
12 Ibid., p. 111.

Afirma Laplanche (2015):

> ... o originário é uma criança cujos comportamentos, existentes mas imperfeitos, débeis, estão preparados para deixar-se desviar e um adulto desviante, que se desvia relativamente a toda norma quanto à sexualidade ... e direi mesmo desviante relativamente a si próprio, na sua própria clivagem. (p. 109)

Duas características centrais definem essa situação originária: a *passividade* da criança e a *assimetria* dos lugares.

Laplanche constrói a teoria da sedução generalizada apoiado nas duas teorias da sedução freudiana, mas entende que consegue dar um passo à frente. Ele reconhece que os três parâmetros fundamentais da teoria da sedução, *temporalidade a posteriori, tópica do sujeito* e *funcionamento tradutivo*, já estão presentes na *teoria da sedução restrita*, concebida por Freud antes de 1897. No entanto, Laplanche dirá que essas referências não se sustentam ao longo de toda a obra freudiana. Assim, analisa o autor, o conceito de posterioridade, que tem durante muito tempo um lugar central na teoria freudiana, irá se esvair no momento em que Freud tem que responder ao pensamento de Jung, para o qual o passado se constrói a partir do presente. Freud não quer responder a partir do caráter meramente imaginário da primeira cena (na sua teoria dos dois tempos) e acaba postulando a existência de uma realidade anterior filogenética, fazendo referência aos fantasmas originários que teriam sido realmente vividos na filogênese. Em relação à segunda referência, *a tópica psíquica*, no entender do autor, o *estranho-interno* vai sendo ocupado na obra freudiana pela fantasia e, para que tudo não se dissolva numa *névoa imaginária*, introduz a realidade da pulsão e seu apoio biológico. Já com relação à terceira referência, o *modelo verbal-tradutivo* presente na primeira teoria freudiana e trabalhado na Carta 52 (Freud, 1950), vai desaparecendo ao longo do pensamento freudiano.

Na segunda teoria freudiana da sedução, a *sedução precoce*, na qual o pai sedutor é substituído pela mãe que seduz, introduzindo excitação nos próprios cuidados com o bebê, na satisfação de suas necessidades, Laplanche reconhece que Freud ultrapassa nessa formulação o reducionismo das cenas e da psicopatologia para aproximar-se do universal. Ele sai do anedótico (o fato dos adultos perversos que seduzem a criança) para aproximar-se do essencial, avançando no solo da realidade efetiva, já que a mãe não pode senão despertar sensações de prazer. Se por um lado esta segunda teoria ganha em universalidade, ela perde em temporalidade, pois as cenas se afunilam em um momento primeiro e fundamental. Além disso, Laplanche entende que ela não incorpora o *inconsciente do adulto*, apesar de reconhecer que em outros textos, fora da formulação dessa teoria como em "O tabu da virgindade" (Freud, 1917) e "Uma lembrança infantil do Leonardo" (Freud, 1910), o *inconsciente do outro e seus efeitos* está incluído (Laplanche, 1987).

Dessa maneira, na tentativa de preservar a *universalidade* e a *temporalidade a posteriori*, mas ao mesmo tempo de incluir o inconsciente do adulto, Laplanche formula a teoria da sedução generalizada. Nela, são pontos centrais o *primado do Outro e a simultaneidade assimétrica* adulto-criança.

Em seu texto *Seducción persecución revelación* (2001), Laplanche deixa claro que quando se refere à sedução, está se referindo a uma ordem de realidade e não ao fantasma de sedução. Caso se tratasse do fantasma, não teria por que dar-lhe um lugar de preferência em relação aos outros roteiros originários: a cena originária, castração, retorno ao ventre materno e a sedução. A sedução da qual o autor está falando seria um terceiro domínio da realidade, que se coloca entre a realidade material, gestos sexuais verificáveis e a realidade psicológica; formas de apreender a sedução. Esse terceiro domínio da realidade é a realidade da linguagem, e o que caracteriza o lado do adulto nessa situação, é o de enviar mensagens linguísticas, pré-linguísticas e paralinguísticas que interrogam a criança que irá procurar respostas e sentidos; esses significantes, impregnados de significações sexuais inconscientes, serão por ele nomeados de *significantes enigmáticos* (Laplance, 1987). Trata-se, portanto, de mensagens conscientes e pré-conscientes, atravessadas pelo inconsciente do adulto que as envia; o inconsciente do adulto faz ruído nas mensagens, tornando-as opacas para quem as recebe, assim como para quem as enuncia – já que nelas tramita o *fantasma sexual do adulto*.

Na concepção do autor, no processo da criança para habitar a linguagem que a preexiste há algo de traumatizante, *o enigmático*.[13] A linguagem leva em si um sentido que o próprio adulto desconhece, o inconsciente parental que a atravessa, ainda quando ele próprio o ignore. Esse enigma se impõe à criança.

Laplanche segue o pensamento de Freud na construção da primeira teoria da angústia, na qual a criança, diante da excitação sexual que surge perante a visão do coito dos pais, vive uma "inquietante estranheza", e como não tem nenhuma compreensão possível sobre o percebido, isso se transforma em angústia. Na sedução originária, o enigmático não permite compreensão nenhuma, algo fica em "estado selvagem"; perante os grandes enigmas como o coito dos pais, o nascimento do irmão ou a diferença entre os sexos se desencadeia uma atividade teorizante da criança que produz *teorias sexuais infantis*. "O enigma, aquele cuja origem é inconsciente, é a sedução por si mesma" (Laplance, 1987, p. 134).

---

13 S. L. Alonso, *O enigma: reduto de sedução originária*. Resenha de Jean Laplanche, *Novos fundamentos para a psicanálise*.

A sedução produz um difícil trabalho de simbolização, que põe em jogo a reelaboração tradutiva. Essa tradução será sempre parcial, deixando um resto que não será traduzido, mas deformado, que dará lugar à fantasia inconsciente.[14] As mensagens ficam num primeiro tempo *implantadas* no corpo da criança[15] sem que o eu se aproprie delas, e num segundo momento através do trabalho de tradução se instaura o recalque, e o resto não traduzido forma o inconsciente.

Reincluindo o inconsciente no conceito de gênero

Será justamente a partir desse modelo tradutivo do inconsciente que Laplanche irá reformular o conceito de gênero, tendo nessa reformulação algumas consignas: não deixar de fora a sexualidade, incluir o inconsciente, não esquecer a temporalidade do *a posteriori*, e não voltar às divisões corpo-mente, biologia-sociologia.[16]

Ligando o conceito de gênero ao de mensagem, Laplanche postula que, das mensagens que os pais transmitem para as crianças, muitas são veiculadas pelos cuidados corporais, seguindo o código do apego, e a partir delas pode-se compreender o surgimento da pulsão. No entanto, o autor afirma que a comunicação não circula só pela linguagem do corpo, mas também pelo código ou a língua social: são as mensagens do *socius,* dentre as quais se destacam as *de designação de gênero*. Diante delas, a criança também terá que exercer a função tradutiva, já que chegam da mesma forma carregando o enigma, aquilo recalcado do adulto que as enuncia.

---

14 J. Laplanche, *Entre seducción y inspiración*.
15 Ibid.
16 J. Laplanche, *Sexual: a sexualidade ampliada*.

A afirmação de Dejours (2006) é esclarecedora a esse respeito:

> ... *quando os adultos atribuem um gênero a uma criança, eles mesmos não sabem exatamente o que entendem por macho ou fêmea, masculino ou feminino, homem ou mulher. É fácil significar a uma criança que ele é um homem. Mas, o que quer dizer ser um homem para o adulto que pronuncia esta assignação? Quando um adulto diz a seu filho que ele é um menino, diz a ele ao mesmo tempo tudo aquilo que pensa dos meninos e das meninas, mas também todas as dúvidas que tem sobre o que esconde exatamente a noção de sexo e de gênero. Seguramente podemos afirmar que, por meio desta assignação de gênero, o adulto, sabendo-o ou não, confronta a criança com tudo o que pode haver de ambíguo na diferença anatômica dos sexos e no sexual, e isso por causa de suas próprias ambivalências, incertezas e conflitos internos. (p. 7)*

Vemos então que Laplanche reinclui no conceito de gênero o inconsciente, mas também o conflito, se opondo à concepção de Stoller do gênero como uma marca aconflitiva e às concepções que colocam um sexo já existente que seria traduzido, simbolizado pelo gênero. Em suma, se opõe à ideia de "sexo antes do gênero, natureza antes de cultura" (Laplanche, 2015, p.163).

Voltando então à relação sexo-gênero, Laplanche propõe que o gênero precede o sexo e é simbolizado por ele, ou seja, o gênero estaria em primeiro lugar, se opondo assim ao *primado da base sexuada* que postula primeiro sexo, depois gênero. Para o autor, o central é a *designação,* coincidindo com Stoller, mas diferenciando-se dele na medida em que não pensa que a designação se trata do nome e sim de "um conjunto complexo de atos que se prolongam na linguagem e nos comportamentos significativos do entorno. Poder-se-ia falar de uma designação contínua ou de uma verdadeira prescrição ... até mesmo do bombardeio de mensagens" (2015, pp. 166-167). Aqui se abre a possibilidade de pensar o gênero no plural e conflitivo.

Frequentemente se diz que o gênero é social; para Laplanche quem designa é o círculo restrito do *socius* – através de agentes próximos como pais, mães, professores, médicos – e não a sociedade como um todo. Se o gênero é construído socialmente, há de se acrescentar que o sexual se infiltra através das mensagens; esse *socius* da história singular é quem realiza a identificação primitiva, num movimento em que o bebê não se identifica, mas é identificado pelo outro que o designa.[17]

O plano da cultura entra na construção do gênero oferecendo códigos de tradução que permitirão à criança traduzir as mensagens enigmáticas. Entre os códigos de tradução, Laplanche irá incluir os roteiros mito-simbólicos que servem para ligar e ao mesmo tempo recalcar o sexual. Para o autor, o capital mito-simbólico tem um lugar importante, ainda que ele próprio advirta sobre a cegueira que pode nos envolver se não nos interrogarmos sobre quais são as formações que, no ocidente dos dias atuais, exercem a função mito-simbólica. Cegueira à qual, segundo o autor, a psicanálise nos teria condenado ao tentar impor como único mito contemporâneo versões nascidas da concepção falocêntrica freudiana e lacaniana.[18]

O gênero é organizado, simbolizado pelo sexo. Para Laplanche, o código de tradução deve ser buscado do lado do sexo, mas

---

17 J. Laplanche, *Sexual: a sexualidade ampliada.*
18 J. Laplanche, *Entre seducción y inspiración.*

ele esclarece que o sexo anatômico não deve ser confundido com a biologia. A anatomia a partir da qual se traduz o gênero é *perceptiva e ilusória*, não podemos atribuir um imediatismo natural à percepção. Esta sempre acontece, na realidade, no seio de uma rede fantasística e de uma certa simbolização. Laplanche dirá também que a percepção da diferença entre os sexos é *contingente*: foi, por exemplo, pela condição bípede adquirida em algum momento histórico da humanidade que se introduziu a invisibilidade dos órgãos sexuais femininos, ou seja, a percepção de um só órgão genital. Dessa maneira, a diferença perceptível não é a diferença fisiológica, mas a primeira foi erigida na nossa civilização no lugar de *significante maior*.

A anatomia perceptível, por sua vez, funciona como *esqueleto de um código* que é o da lógica fálica. Segundo o entendimento de Laplanche, a criança tem acesso à diferença dos gêneros desde muito cedo, distinguindo os homens das mulheres, mas essa diferenciação não é feita pelas diferenças dos genitais e sim pela oposição de comportamentos, funções, gestos e lugares sociais. É somente no interior do Complexo de Castração que a diferença de gêneros passa a ser diferença de sexos, e isso acontece sob o império da lógica fálica como código de tradução.

Na lógica fálica, passa-se da diversidade (*Verschiedenheit*) à diferença (*Unterschied*), sendo esta da ordem da dualidade e polaridade. Na fase fálica, da diversidade dos atributos se passa à diferença dos sexos com base em dois atributos: fálico e castrado. Mais do que isso, a diferença é marcada pela presença de um atributo: fálico / não fálico. O mundo da criança na fase fálica está marcado por uma polaridade ou contradição absoluta, se atribui uma insígnia a um sujeito e o outro fica no lugar do negativo; há um sexo marcado e outro não. A fantasia infantil tem um valor estruturante para a criança, e o seu desejo se fixa naquilo que seria o significante do sexo, o falo, que passa a ter um valor simbólico.[19]

Laplanche levanta algumas interrogações: quanto dessa lógica sobra no masculino-feminino? Quanto dela se mantém ao longo da vida? Estamos acostumados a pensar a sexualidade em uma lógica binária masculino-feminino, mas não necessariamente teria que ser assim, colocando-se uma nova interrogação: "a universalidade do Complexo de Castração na sua oposição lógica fálico-castrado é incontornável? ... não existem modelos de simbolização mais flexíveis, mais múltiplos, mais ambivalentes?" (2015, p. 171).

No livro *Castração – Simbolizações* (1988), Laplanche estabelece uma oposição entre o simbólico pensado como *mito* único e as *simbolizações plurais*. Essa temática é retomada em 1999,[20] no trabalho sobre os mitos, em que o autor irá afirmar:

> *Apesar da irresistível conquista do mundo pelo binarismo, é bom lembrar que este auge é contingente se comparado a tantas civilizações nas quais os mitos fundadores não são binários e sim plurais, aceitando a ambivalência no lugar de apostar tudo na diferença.* (Laplanche, 2001, pp. 221-222)

E, ainda:

> *Enquanto Freud, e Lacan depois dele, erigem o complexo de castração em um Universal da psicanálise – talvez mais universal ainda que o Édipo – o trabalho dos etnólogos não cessou de mostrar que os mitos*

---

19 J. Laplanche, *Castração – Simbolizações*.
20 J. Laplanche, *Entre seducción y inspiración*.

> *e rituais de corte, de cerceamento ou de circuncisão possuem um significado muito menos unívoco que essa lógica fálico-binária na qual a versão moderna quis se acantonar, seja psicanalítica ou pós-psicanalítica. Com Roheim, Bettelheim, e também com Groddeck, o que se perfila é a via de simbolizações menos fixas, eventualmente ambivalentes e até contraditórias. (Laplanche, 2001, pp. 221-222)*

Para o autor, o que a lógica do terceiro excluído e sua premência na civilização ocidental, que vem junto com o reinado do Complexo de Castração, querem recalcar é o Sexual. ". . . recalcá-lo quer dizer precisamente criá-lo recalcando-o" (Laplanche, 2015, p. 172). As mensagens de gênero são plurais e serão traduzidas em termos do sexo binário. Essa tradução produz o recalcamento da pluralidade e da diversidade de gênero, e o resto da tradução constitui o Sexual; ou seja, a multiplicidade de gênero que chega pelo *socius* restrito, carregando seus conflitos e ambivalências, é recalcada pela lógica fálica e o império de sua binariedade. Na proposição de Laplanche: "o Sexual é o resíduo inconsciente do recalque-simbolização do gênero pelo sexo" (p.155).

Acompanhamos aqui a forma com que Laplanche retrabalha o conceito de gênero, cuidando para manter os fundamentos da psicanálise, mas ao mesmo tempo apontando os lugares em que algo da teoria precisa ser questionado, deixando os caminhos do pensamento abertos.

Entendo ser muito importante a inclusão do inconsciente no trabalho do conceito de gênero, o que permite retrabalhar o inconsciente parental, o conflito e a história individual. Mas penso também, que é necessário tomar cuidado para não esvaziar o conceito de gênero daquilo que lhe é fundamental: o seu marco político, social e cultural e de suas transformações ao longo do tempo.

Os estudos de gênero permitiram fazer um questionamento das teorias essencialistas sobre os sexos e a naturalização dos corpos, mostrando que as concepções do masculino e do feminino mudam com os tempos e as culturas, bem como recuperam a importância que os discursos instituídos – religiosos, médicos, científicos e jurídicos – têm na construção das significações de gênero. Ao pensar as diferenças na perspectiva de um longo processo histórico, esses estudos constataram que as diferenças foram construídas numa lógica que inclui hierarquias e desigualdades, permitindo assim pensar as relações de sexo, identidade e poder. Ou seja, como a sociedade no seu sentido amplo se inclui na produção das subjetividades.

Jean Laplanche alerta para a necessária distinção das teorias sexuais infantis das teorias adultas e das próprias teorias psicanalíticas. É importante cuidar para não converter as teorias sexuais infantis – que são datadas, têm um lugar no desenvolvimento libidinal e uma função elaborativa na vida psíquica da criança –, não sejam estendidas à vida toda como se fossem essências, ou não se convertam em teorias psicanalíticas universalizáveis. Também é fundamental pensar como os pressupostos de uma determinada época entraram na construção das teorias psicanalíticas, ficando nelas como pontos cegos necessários de serem trabalhados; vale cuidar para que as teorias estejam sempre abertas para serem repensadas e para distinguir o que do momento histórico de sua produção está inserido nelas. Finalmente, é importante pensar o lugar das teorias-fantasias adultas, quanto delas entram como códigos de tradução na formação das teorias infantis, ocupando um lugar na constituição do recalque, e o quanto permitem ressignificar as marcas inconscientes em um processo permanente de transformação.

Referências

Alonso, S. (1993). O enigma: reduto da sedução originária. Resenha de Jean Laplanche, Novos fundamentos para a psicanálise. *Revista Percurso*, 10, 96-97.

Alonso, S. (2012) Jean Laplanche 1924-2012. *Boletim Online: Jornal Digital de Membros, Alunos e Ex-alunos, 21.* (Departamento de Psicanálise do Instituto Sedes Sapientiae). Recuperado de http://www.sedes.org.br/Departamentos/Psicanalise/index.php?apg=b_visor&pub=21&ordem=10&origem=ppag.

Dejours, C. (2006). Por una teoría psicoanalítica de la diferencia de sexos. Introducción al artículo de Jean Laplanche. *Revista ALTER,* 2. Recuperado de http://revistaalter.com/revista/por-una-teoria-psicoanalitica-de-la-diferencia-de-sexos-introduccion-al-articulo-de-jean-laplanche/934/

Freud, S. (1950/1988). Fragmentos de la correspondencia con Fliess. In S. Freud, *Obras Completas* (Vol.1). Buenos Aires: Amorrortu.

Freud, S. (1988a). Un recuerdo infantil de Leonardo da Vinci. In S. Freud, *Obras Completas* (Vol. 2). Buenos Aires: Amorrortu. (Obra original publicada em 1910)

Freud, S. (1988b). El tabú de la virginidad. In S. Freud, *Obras Completas* (Vol. 2). Buenos Aires: Amorrortu. (Obra original publicada em 1917)

Laplanche, J. (1987). *Novos fundamentos para a psicanálise.* Lisboa: Edições 70.

Laplanche, J. (1988). *Problemáticas II: castração-simbolizações.* São Paulo: Martins Fontes.

Laplanche, J. (2001). *Entre seducción e inspiración: el hombre*. Buenos Aires. Amorrortu.

Laplanche, J. (2006). El género, el sexo, lo Sexual. *Revista ALTER*, 2. Recuperado de http://www.revistaalter.com/revista/el-genero-el-sexo-lo-sexual-2/937.

Laplanche, J. (2015). *Sexual: a sexualidade ampliada no sentido freudiano 2000-2006*. Porto Alegre: Dublinense.

Martínez, V. C., & Souza, I. S. (2014). O mito das Amazonas em cena: uma discussão psicanalítica sobre a feminilidade e o gênero. *Cad. Psicanál.- CPRJ*, *30*(36), 171-197.

Stoller, R. (1968). *Sex and gender*. Nova York: Jason Aronson.

7. Feminismos, psicanálise e política[1]

Feminismos

O feminismo é um movimento social emancipatório e um conjunto de teorias que visa a liberação das mulheres e a conquista dos direitos que lhes foram historicamente negados pela organização patriarcal. Esse conceito inclui diversas correntes feministas que se organizaram ao longo do tempo, por isso é importante falar em *feminismos* no plural.

Para entender melhor o conceito e para situar o momento que se tornou possível uma interlocução entre psicanálise e feminismo, é preciso retomar alguns dados históricos. Podemos dizer que o movimento feminista surgiu no fim do século XVIII, pela influência da Revolução Francesa e da igualdade de direitos que ela proclamava, mas que não incluía as mulheres. As mulheres

---

[1] Este texto foi apresentado no Encontro Preparatório do I Congresso Interamericano de Pesquisa em Psicanálise e Política (REDIPPOL), no Instituto de Psicologia da Universidade de São Paulo, em 13 set. 2018. Publicado em *Clínica & Cultura*, 8(1), pp. 101-111, 2019.

participaram ativamente da Revolução Francesa, mas, depois dela, continuaram a ser consideradas "naturalmente" inferiores e restritas a atividades domésticas e funções maternais: "a idade das luzes deixou as mulheres às escuras" (Goldman, 2014, p. 39).

Algumas vozes se levantaram em defesa dos direitos das mulheres denunciando seu enclausuramento no lar e a proibição de acederem à educação formal, que as deixava na total dependência dos homens. Essa é considerada a primeira onda do feminismo.

Destaco o lugar infantilizado das mulheres na concepção da época, que não podiam administrar seus bens nem trabalhar, desapropriadas de seu corpo e de seu lugar de cidadãs, desigualdade encoberta por uma suposta proteção. Depois da Revolução, algumas mulheres foram para a guilhotina e outras para o exílio, sob a acusação de transgredir as "leis da natureza".

Na segunda metade do século XIX e no início do XX, a partir da inclusão maciça das mulheres na produção pelo capitalismo industrial, organizou-se uma forte mobilização em defesa dos direitos das mulheres que resultou no movimento sufragista (considerado a segunda onda), que, a partir do liberalismo clássico, defendia a igualdade em relação aos homens, sem questionar a origem da dominação masculina – era um movimento de mulheres burguesas de classe média. Ao lado desse movimento liberal, surgiu na Europa um feminismo ligado aos partidos socialistas.

Nos anos 1950, o livro *O segundo sexo*, de Simone de Beauvoir (1949/1998) mostra a construção social da mulher, apontando como preconceitos, expectativas e costumes a colocaram num lugar de subordinação. Esse tema volta com força nas décadas de 1960-70, quando surge uma nova onda: o "feminismo das diferenças". Nas ondas anteriores, o principio central era o da "igualdade" – igualdade de direitos –, que podemos qualificar como um principio do campo jurídico. A "diferença", no entanto, é uma realidade existencial, um campo que inclui subjetividade, sujeitos, construção de identidades e reconhecimento do outro, e é aí que a psicanálise se cruza com os feminismos.

Para situar esse momento, cito Luce Irigaray (2017):

> *. . . o modelo historicamente estabelecido privilegia a simetria como condição de possibilidade de mestria no não reconhecimento do outro . . . O privilégio da simetria é correlativo ao do espelho plano: que pode servir para a auto-reflexão do sujeito masculino na linguagem e à sua constituição como sujeito do discurso. Ora, a mulher, a partir desse espelho plano, somente, não pode suceder a não ser como o outro invertido do sujeito masculino, ou como lugar de surgimento e de velamento da causa de seu desejo (fálico), ou ainda como falta, já que o seu sexo, em sua maior parte é a única historicamente valorizada, não especularizável. Portanto, no advento de um desejo "feminino", esse espelho plano não pode ser privilegiado e a simetria não pode nele funcionar como na lógica e no discurso de um sujeito masculino.* (p. 148)

Irigaray é uma pensadora interdisciplinar com formação em filosofia e psicanálise, membro da Escola Freudiana de Paris e professora da Universidade de Vincennes. Foi uma importante referência para os movimentos feministas italianos e franceses e teve grande influência no desenvolvimento das teorias de gênero de Judith Butler. Junto com Annie Leclerc e Hélène Cixous, criou o grupo Psicanálise e Política que reivindica igualdade *entre* homens e mulheres; não igualdade *com* os homens, propondo a "outridade", ou seja, a mulher como absolutamente outro, defendendo um erotismo feminino, um saber feminino e um "falar mulher", que não é um falar da mulher, e sim uma proposta de mudança na própria estrutura discursiva.

Aos poucos, vão se fazendo conexões entre os âmbitos político e pessoal, se recolocam os limites do político mostrando que o pessoal é político, visto que o aspecto político inclui o doméstico e o privado. O feminismo começa então a defender interesses de gênero, surgindo uma nova onda, que questiona a opressão patriarcal sobre a sexualidade das mulheres. O movimento *hippie* nos EUA e o maio de 68 na França, mostram uma revolta contra os valores conservadores e desafiam as estruturas normalizadoras do social do pós-Guerra. Os movimentos feministas vão introduzindo temas como a sexualidade e a reprodução – a respeito das quais a psicanálise tem muito a dizer –, e psicanálise e feminismos vão fazendo seus cruzamentos. A partir dos anos 1980, a diversidade das mulheres aparece com força, o que obriga a se incluírem gênero, classe, raça e etnia.

No século XXI, a violência de gêneros e a discriminação sexista sofrem um forte questionamento, e, em contrapartida, se intensificam também os movimentos de grupos conservadores, que se opõem a mudanças (Morim, 2013; Garcia, 2011; Gomide, 2016).

Em publicação anterior, escrevemos:

> *As análises críticas, desenvolvidas, tendo como marco o movimento feminista, fizeram implodir, no discurso ocidental, uma concepção presente desde a antiguidade para a qual predominaria a subordinação ao masculino, apesar do reconhecimento de dois sexos diferentes. . . . Essas análises críticas que mencionamos denunciaram as formas hierárquicas e de subordinação existentes entre homens e mulheres e permitiram desamarrar*

as representações da masculinidade e da feminilidade do corpo biológico, mostrando que são construções culturais que mudam com a história e a cultura. (Alonso & Fuks, 2014, pp. 245-246)

Conversa entre psicanálise e feminismos

O que os grupos feministas pensam da psicanálise?

Como dissemos, os feminismos são numerosos, e os diferentes coletivos feministas divergem, entre outras coisas, no seu posicionamento em relação à psicanálise. Para alguns, as conceptualizações psicanalíticas são meras afirmações misóginas depreendidas do patriarcalismo. Outros, pelo contrário, veem na psicanálise uma possibilidade de análise da sexualidade e da diferença e entendem que não podem prescindir de seus aportes.

E do lado da psicanálise?

É bom destacar os grandes aportes da psicanálise que trouxeram ao primeiro plano o tema da *diferença sexual*. Até o século XVIII, imperava o modelo de um único sexo: o masculino. A partir da modernidade e da Revolução Francesa, tornou-se mais difícil para a filosofia justificar a superioridade masculina.

De acordo com Regina Neri (2005), a modernidade operou deslocamentos das representações tidas como universais para o campo da história, colocando ao pensamento a tarefa de problematizar a questão da alteridade e da diferença dos sexos. Para a autora, é a primeira vez que um discurso científico se opõe à racionalidade filosófica e se inaugura, sob a égide do feminino, numa dupla perspectiva: de um lado, é enunciado a partir da fala das mulheres (histéricas tratadas por Freud), de outro, constitui o feminino como interrogação fundante do seu aparelho psíquico:

"A histeria subverte a ordem da razão com um corpo encarnado" (Neri, 2005, p. 95).

Ao escutar as histéricas, Freud reconhece a divisão do sujeito e, a partir de seus sintomas, a multiplicidade identificatória. Assim, ele põe em questão a identidade fixa e permanente, ampliando o conceito de sexualidade, que não se restringe à genitalidade ou à procriação, mas que inclui a pulsionalidade parcial e a pregenitalidade, que sabemos ser polimorfa. Freud diferencia a pulsão do instinto e o sexual do sexuado, ao mesmo tempo em que reconhece a existência de um corpo erógeno diferente do corpo anatômico; a multiplicidade pulsional e seu objeto vicariante o separam de qualquer endogenismo biologizante, reintroduzindo em algum momento o incerto na questão identificatória.

Freud (1992a) afirma: "As reações dos indivíduos de ambos sexos combinam traços masculinos e femininos" (p. 273, tradução nossa). Desse modo, a masculinidade e a feminidade puras não passam de construções teóricas de conteúdo incerto. E, nos melhores momentos, considera mais os processos do que a ontologia: o devir mulher. Assim, Freud (1992b) afirma: "A psicanálise . . . não pretende descrever o que é a mulher . . . mas indagar como advém, como se desenvolve a partir da criança polimorfa". (p. 108, tradução nossa). Ou seja, trata-se mais de processos que de identidades.

A partir do excesso presente na histeria, o discurso psicanalítico se desloca do campo da representação para o campo pulsional. E, apesar de não estar na sua época formulado o conceito de gênero, em várias ocasiões aponta o social como determinante de restrições e investimentos, da forma de ser mãe, do narcisismo das mulheres e da heroicidade dos homens.

Mas todo esse avanço disruptivo ainda não abrange tudo o que a psicanálise diz a respeito das mulheres ou sobre a diferença entre os sexos. Temos de reconhecer também que o pensamento falocêntrico e o discurso masculino sobre as mulheres se impõem em muitos de seus enunciados e têm suscitado críticas importantes. Se de um lado, a psicanálise abre lugar para o feminino, de outro, reinstaura o discurso masculino como universal. Para Irigaray (2017), Freud tomou a sexualidade feminina como objeto do seu discurso, mas não analisou os pressupostos de produção desse discurso: "Faltando essa interpretação, o discurso de Freud permanece preso em uma economia meta-psíquica" (p. 172).

A partir da década de 1960, a inclusão do conceito de gênero na psicanálise ensejou importantes questionamentos dos *essencialismos* sobre os sexos e da *naturalização* dos corpos, mostrando como as ideologias haviam penetrado a própria teoria, permitindo retrabalhar conceitos como o da inveja do pênis, do instinto materno ou das zonas erógenas femininas, entre outros; descartando alguns e redimensionando o alcance de outros.

Como afirma J. Mitchel, a psicanálise não é uma prescrição de uma sociedade patriarcal, mas, em todo caso, a análise dos efeitos subjetivos de uma sociedade patriarcal. No entanto, precisamos reconhecer que, como todo produto intelectual, a psicanálise conversa com sua época. É certo que, em alguns momentos, consegue falar mais que sua época, produzindo teoria, mas, em outros, é falada por ela e produz sintomas, de modo que é necessário um trabalho de discriminação, de separar o joio do trigo.

Também devemos dizer que, se a inclusão do conceito de gênero permitiu reconhecer na teoria pontos de "naturalização" ou de reprodução da ideologia, o próprio conceito de gênero vem sendo posto em questão. Se para Money (1955) o conceito de gênero estava ligado às ideias de uniformidade, unidade e persistência, no interior da própria psicanálise desenvolvimentos como o de Jean Laplanche mostram que esse conceito não pode ser incorporado à psicanálise sem antes ser retrabalhado para reincluir o inconsciente e o conflito. O autor pensa a atribuição de gênero como uma mensagem enigmática transmitida pelo inconsciente do adulto que a criança deve decifrar. Entendendo que a atribuição de gênero é plural e que a designação é um conjunto complexo de atos que se prolongam na linguagem e nos comportamentos significativos do entorno – uma designação contínua, ou um verdadeiro bombardeio de mensagens –, Laplanche (2006) reformula o conceito de gênero desde o seu modelo tradutivo do inconsciente, reincluindo o inconsciente e o conflito e considerando que é o plano da cultura que oferece códigos de tradução.

Por outro lado, autores como Butler (2003) questionam o fixo da identidade de gênero e seu binarismo, que oprimem a singularidade, e procura superar a ideia de representação pela teoria performática do sexual, na qual a repetição reiterada de múltiplos discursos vai construindo corpos e identidades.

As psicanalistas do feminismo pós-moderno questionam a concepção binária dos opostos sujeito/objeto, assim como a ideia de complementaridade que dela se depreende, entendendo que sua manutenção não deixaria saída possível, a não ser a da inversão. Ou seja, para a mulher ser sujeito, se deveria colocar o homem como objeto, e certamente não é isso o que se pretende. Muitos dos trabalhos dos diferentes grupos de psicanalistas feministas, sejam lacanianos ou relacionais, vêm elaborando formas de pensar os processos de construção de subjetividades com equações mais complexas, tentando transcender a lógica das identidades excludentes e polarizadas.

No ordenamento moderno, as lógicas sexuais coletivas fizeram uma amálgama total entre sexo, gênero, desejo e práticas sexuais, criando pares de opostos – homem/mulher, masculino/feminino, ativo/passivo, heterossexual/homossexual – e mantendo lógicas identitárias, binárias e hierarquizadas que Ana Maria Fernández (2017) chama de "lógicas desigualadas".

As mudanças do imaginário cultural vão configurando novas lógicas sexuais, e outros jogos eróticos, quebrando as amálgamas modernas que se vão desnodando e dando visibilidade a novas configurações: da diferença, passa-se à diversidade. A binariedade está em questão, mas a própria construção de identidades também está. Por que passar do traço ao ser? Por que a prática erótica define uma identidade? Pesquisas realizadas entre jovens mostram um certo inconformismo quando perguntados pela identidade e respondem que preferem falar em *estou* do que em *sou*.

Diante de tanta mudança das lógicas sexuais coletivas, cabe-nos perguntar como re-trabalhar as lógicas da sexuação? A partir dessas mudanças, como pensar a diferença?

Por exemplo, na obra *De que amanhã...* (Derrida & Roudinesco, 2004), Jacques Derrida critica a forma de construir a diferença ordenada por um único significante, o fálico, que coloca a diferença sexual numa oposição binária feminino/masculino, afirmando que o feminino se apresenta como um outro que desconstrói a lógica do logofalocentrismo, e não como um outro em oposição ao masculino. Ele substitui o termo *diferença* por *différence*, como aquilo que escapa à representação é portador da negatividade, da alteridade que escapa incessantemente do idêntico. Não é uma essência nem uma oposição, mas uma reafirmação do mesmo que não é idêntico e, portanto, não é necessário fixá-lo em oposições duais.

Se de um lado, todos esses questionamentos das categorias identitárias levam a perguntar pelas lógicas da sexuação e pela formação de subjetividades, por outro leva a questões no campo político.

Derrida, em conversa com Roudinesco, e referindo-se ao que pode ou não ser mudado, por meio de leis, mostra como cada situação implica uma reflexão sutil. Por exemplo, o autor afirma que quando se trata da legalização do aborto, não há muita dúvida: trata-se do direito a decidir sobre o próprio corpo, mas quando se trata da lei de paridade, há um direito à igualdade, mas sua imposição por lei, fixaria numa rigidez do traço identitário único? Quanto a essa situação específica, Derrida afirma que votaria favoravelmente à lei, mas depois questionaria.[2] O autor diz: "Me preocupo com a inscrição da diferença sexual na Constituição ... talvez se devesse refletir mais na maneira como progride a luta contra as desigualdades e por que, em certos setores, existe tal disparidade entre homens e mulheres" (Derrida & Roudinesco, 2004, pp. 36-37).

A interrogação feminista

A partir de que posição é possível respeitar a diferença, inclusive as múltiplas diferenças? Isso se liga à pergunta psicanalítica: Como reconhecer o outro? Ou, nas palavras de Benjamim (2013):

> *A pergunta "pode um sujeito relacionar-se com o outro sem assimilá-lo no self pela identificação? se conecta com a questão política: pode uma comunidade admitir o outro sem que ela ou ele tenha que chegar a ser o mesmo? Portanto, o que a psicanálise considera o problema de superar a onipotência está ligado à questão ética do*

---

[2] Se retomo essa reflexão é para enfatizar a delicadeza das questões e a multiplicidade do real a ser levada em conta, mas não para questionar as políticas de cotas que reconheço ter tido efeitos fundamentais nas lutas contra as desigualdades. Seja no referido ao sexo ou às raças.

respeito e à questão política da não violência." (p. 177, tradução nossa)

Psicanálise e política

Às vezes, os direcionamentos políticos aproveitam as teorias em seu benefício. Por exemplo, depois das guerras em que as mulheres substituíram os homens ausentes no mercado de trabalho, era necessário enviá-las de volta para casa, e – insidiosamente – se utilizaram os desenvolvimentos de Spitz (1961) sobre "hospitalismo" e sobre a importância da presença materna nos primeiros tempos da vida do bebê para a construção de pulsão de vida. No entanto, não se dava nenhuma importância aos estudos de Bettelheim (1974) nos *kibutzim*, onde as crianças separadas das mães eram criadas em pequenos grupos e nem por isso adoeciam (Langer, Palácio, & Guinsberg, 1986). Era preferível ficar na concretude da presença materna, e não considerar que se trata de uma função, para justificar a necessidade de manter as mulheres confinadas ao lar.

Um outro exemplo: os estudos de reavaliação de Gilligan (1985) sobre as pesquisas empíricas referidas ao julgamento moral de púberes de ambos sexos – que mostraram a ética do cuidado nas meninas – foram de grande utilidade no retrabalho que algumas analistas fizeram das afirmações freudianas do superego nas mulheres. Mas, aos poucos, essa lógica do cuidado foi sofrendo uma certa substancialização do lado das mulheres, sem considerar que, como a dominação dos homens, ela também deve ser pensada a partir das posições ocupadas por cada um durante séculos e dos efeitos da cultura nas subjetividades. "A liberação das mulheres precisa de uma mudança no âmbito econômico, mas deverá passar também pela mudança da cultura e de sua instância operante, a linguagem" (Irigaray, 2017, p. 174).

Vemos que a questão da essencialização e naturalização no campo do feminino/masculino tem uma presença forte ao longo de toda a história, desde as mulheres que a Revolução Francesa mandou para a guilhotina por terem contrariado a "natureza" feminina até hoje. Alguns autores vêm alertando sobre a possibilidade de uma nova naturalização no momento atual, assinalando a possibilidade de melancolização da figuração da mulher e a paranoização da sociedade com o esvaziamento da sexualidade.

Desde a década de 1970, muito se avançou: as mulheres conquistaram o mercado de trabalho e, consequentemente, a independência financeira; a possibilidade do divórcio, os métodos anticoncepcionais separaram a sexualidade da procriação e, em alguns países, o aborto é legalizado. Com essas mudanças, as mulheres ficaram mais donas de si. No entanto, ao mesmo tempo em que continuam as lutas e as conquistas, desde o final da década de 1980, acentuam-se na sociedade a volta a uma idiossincrasia tradicional com efeitos de censura na sexualidade das mulheres. A antropóloga E. Badinter (2005) levanta uma questão: será que esses direcionamentos podem estar entrando em alguns discursos feministas? Em alguns, porque lembremos que eles são muitos. As mulheres na nossa sociedade são vítimas de terríveis violências, basta ver as estatísticas dos casos de abuso, estupro e feminicídio, e é necessário protegê-las. No entanto, às vezes, parece ir-se construindo um "vitimismo" (termo da autora) que é muito diferente do reconhecimento da vítima. Parece ir-se criando uma nova *substancialização* da mulher, materializada na figura da frágil, da infantil e da despossuída de desejo, sem fazer as diferenciações necessárias de territórios, classes ou etnias, que permitam mostrar que, se são vítimas de violência, é por efeitos da cultura e da sociedade, e não por causa de uma essência feminina fragilizada. Lembremos que, na época da Revolução Francesa, a "proteção masculina" às mulheres se apoiava em sua suposta fragilidade e infantilidade, não era mais que algo que encobria as desigualdades. Hoje em dia, as mulheres precisam de leis que as protejam, mas não porque sejam crianças ou frágeis na sua essência, e sim pelos absurdos produtos da cultura patriarcal... até que esta se transforme.

No campo da sexualidade, Badinter (2005) alerta para a retomada de expressões como *instinto materno*, que já estava em desuso, o que fala de um retorno do biologismo, superado pelo próprio saber da psicanálise sobre a sexualidade e pelos trabalhos de historização que mostraram a maternidade como uma construção histórica instaurada na modernidade. Vários autores têm alertado também para uma judicialização abusiva, que não distinguiria o objetivo do subjetivo, o real do imaginário, a violência da intenção sexual, uma extrema regulação das relações humanas que, na verdade, procura eliminar a sexualidade, dada aí como perigosa. Por esses caminhos, podemos voltar ao âmbito biológico e ao silenciamento da mulher: duas formas de retrocesso.

Em suma, duas questões se mantêm: como não naturalizar a vitimização feminina e nem a dominação masculina? Como pensar esta última na interseção entre as questões intrapsíquicas do reconhecimento do outro e os efeitos dos mecanismos de poder? Dito de outro modo, como não naturalizar a sexualidade nem tentar eliminá-la?

Termino levantando duas questões: Freud escutou as histéricas e lhes permitiu falar da sexualidade; tirou-lhes o peso do imaginário feminino da época, esvaziado de erotismo. Como não retroceder a isso? Como protegê-las naquilo em que são vítimas de violência e, ao mesmo tempo, reconhecê-las como sujeitos desejantes?

Como levar em conta que as categorias binárias apagam a complexidade do real e, ao mesmo tempo, reconhecer que o apoio à luta das mulheres – como de outras minorias – segue sendo politicamente fundamental, ao menos neste momento civilizatório?

Referências

Alonso, S. (2016). O conceito de gênero retrabalhado no marco da teoria da sedução generalizada. *Percurso*, 56/57, 81-90.

Alonso, S., & Fuks, M. (2014). A construção da masculinidade e a histeria nos homens na contemporaneidade. In P. Ambra & N. Silva Jr. (Orgs.), *Histeria e gênero* (pp. 246-268). São Paulo: Nversos.

Badinter, E. (2005). *Rumo equivocado: o feminismo e alguns destinos*. Rio de Janeiro: Civilização Brasileira.

Beauvoir, S. (1998). *El segundo sexo*. Madrid: Cátedra. (Obra original publicada em 1949)

Benjamin, J. (2013). *La sombra del otro: intersubjetividad y género en psicoanálisis*. Madrid: Primária.

Bettelheim, B. (1974). *Os filhos do sono*. México: Siglo XXI.

Bosco, F. (2017). Paranoia sexual. *Cult*, 226. Recuperado de https://revistacult.uol.com.br/home/francisco-bosco-paranoia-sexual/.

Butler, J. (2002). *Cuerpos que importan: sobre los límites materiales y discursivos del "sexo"*. Buenos Aires: Paidós.

Butler, J. (2003). *Problemas de gênero: feminismos e subversão de identidade*. Rio de Janeiro: Civilização Brasileira.

Derrida, J., & Roudinesco, E. (2004). *De que amanhã... Diálogo*. Rio de Janeiro: Jorge Zahar.

Fernández, A. M. (2012). *Las lógicas sexuales: amor, política y violencias*. Buenos Aires: Nova Vision.

Fernández, A. M. (2017). Las lógicas sexuales actuales y sus com--posiciones identitarias. In I. Meler (ed.), *Psicoanálisis y género*. Buenos Aires: Paidós.

Freud, S. (1992a). Algunas consecuencias psíquicas de la diferencia anatómica entre los sexos. In S. Freud, *Obras Completas* (Vol. 19). Buenos Aires: Amorrortu. (Obra original publicada em 1925)

Freud, S. (1992b). 33ª Conferencia: La feminidad. In S. Freud, *Obras Completas* (Vol. 22). Buenos Aires: Amorrortu. (Obra original publicada 1932)

Garcia, C. C. (2011). *Breve história do feminismo*. São Paulo: Claridade.

Gilligan, C. (1985). *La moral y la teoría: psicología del desarrollo femenino*. México: Fondo de Cultura.

Goldman, W. (2014). *Mulher, Estado e revolução: política familiar e vida social soviética entre 1917 e 1936*. São Paulo: Boitempo.

Gomide, C. (2016). *Marcha Mundial das Mulheres (MMM): uma abordagem histórica a uma rede de movimentos sociais feministas nos anos 2000* (Tese de doutorado em Serviço Social, Pontifícia Universidade Católica de São Paulo).

Irigaray, L. (2017). *Este sexo que não é só um sexo: sexualidade e status social da mulher*. São Paulo: Senac.

Langer, M., Palácio, J., & Guinbsberg, E. (1986). *Memória, história e diálogo psicanalítico*. São Paulo: Traço.

Laplanche, J. (2006). El género, el sexo, lo sexual. *Alter*, 3, 2006. Recuperado de http//revistaalter.com/revista/el-genero-el-sexo-lo-sexual-2/937/.

Mitchell, J. (1979). *Psicanálise e feminismo*. Belo Horizonte: Interlivros.

Money, J. (1955). *Desarrollo de la sexualidad humana*. Madrid: Morata.

Morim, T. M. (2013). *Virtuosas e perigosas: as mulheres na Revolução Francesa*. São Paulo: Alameda.

Néri, R. (2005). *A psicanálise e o feminino: um horizonte da modernidade*. Rio de Janeiro: Civilização Brasileira.

Spitz, R. (1961). *El primer año de vida del niño*. Madrid: Aguilar.

8. "A vida quer viver…": reflexões sobre os efeitos subjetivos da desumanização e as proteções do psiquismo[1]

Processos de humanização e desumanização

Abro este texto com a expressiva manifestação de Juarez Tadeu de Paula Xavier, professor de jornalismo da Universidade Estadual Paulista, negro, xingado de macaco e esfaqueado no Dia da Consciência Negra. Em depoimento a Léo Martins, do jornal *O Estado de S. Paulo*, em 22 de novembro de 2019, ele disse: "É muito cansativo atravessar sua humanidade tendo que provar que é humano. Consumir parte da vida tendo de provar que é gente". Expressão forte e singela de alguém que sofre os efeitos da usurpação de sua condição humana.

Como é que nos tornamos humanos? Como é que nos reconhecemos humanos? Qual é o lugar do outro nesses processos de

---

[1] Este texto foi apresentado em uma conferência na Jornada Continuada da SIG (Sigmund Freud Associação Psicanalítica) "Faces da des/humanização", realizada *online*, em 3 out. 2020. Foi publicado na revista *Sig*, 9(17), jul.-dez. 2020, 77-91.

humanização e desumanização? São algumas das perguntas que se nos impõem a partir desse depoimento.

Longo é o caminho que alguém percorre para passar de sua condição de ser biológico à de um ser inserido no mundo da linguagem, da cultura, do simbólico; esse longo processo só é possível a partir de ser reconhecido pelo Outro.

Antes de sua chegada ao mundo, quando o bebê está ainda na barriga da mãe, já será necessário que ela o imagine como um filho, será fundamental que crie o "corpo imaginado", nas palavras de Aulagnier (1990); ou seja, é preciso que a mãe reconheça que esse pequeno embrião não é mais um órgão de seu corpo como os outros, e sim um filho.

O processo de constituição do psiquismo se dá a partir do mundo biológico, das montagens adaptativas que abrangem necessidades e sua satisfação; são elas que abrem as janelas para o mundo, por meio das quais o Outro entra.

No estado de desamparo em que nascemos, ou de des-ajuda, segundo Laplanche (1990), precisamos do outro para satisfazer nossas necessidades, já que não conseguimos fazê-lo sozinhos.

Nessa satisfação das necessidades, o outro vai introduzindo um a mais de prazer, "o quentinho do leite", na expressão de Freud (1989j); vai introduzindo sensações prazerosas, deixando marcas de prazer no corpo da criança e criando pulsões que são o motor da vida psíquica. Junto com isso, chegam o olhar, os sons que a mãe emite, as sensações do contato com o seio, ou seja, entram excitações e também os sentidos que o adulto vai dando a cada gesto do bebê. Vai surgindo o mundo pulsional, cujas vias de satisfação já são diferentes da necessidade; as pulsões vão construindo caminhos de desvio, traçados pelas marcas deixadas pelo adulto. O mundo pulsional vai surgindo de forma traumática, a partir de inscrições não ligadas que provêm do inconsciente do adulto. Assim, o *infans* vai sendo introduzido ao mesmo tempo no mundo da linguagem e no mundo da simbolização. O processo de erotização é simultâneo ao de humanização: do fixo do instinto às variações dos caminhos de pulsão, e a infinita diversidade de sentidos outorgados pela cultura, caráter específico da ordem do humano.

O programa de vida imutável, para as outras espécies, é agora marcado pela história individual e pela interpretação da cultura, surgindo assim múltiplas versões.

Nesse caminhar, é necessário que o adulto o acompanhe e reconheça no lugar de semelhante/humano e, ao mesmo tempo, que o reconheça como diferente, como outro; ao mesmo tempo, vão se construindo as polaridades eu/alteridade e as diferenças eu/narcisismo (o reconhecimento de si mesmo e de seu valor).

Nesse percurso, vão lhe sendo propostos lugares nos quais cada um vai sendo identificado: o lugar do humano, do semelhante, do diferente, o lugar sexuado, o lugar de filiação. E, se o outro identifica o bebê em lugares do presente oferecendo possibilidades identificatórias que vão formando o eu, também o identifica em lugares futuros – "você será..." –, dando possibilidades para a constituição do ideal do eu. O outro nos imagina e sonha por nós.

Assim se vão montando as tramas identificatórias: o eu se suporta e suporta sua vivência de humanidade, reconhecendo-se no presente e no fluxo do tempo; por isso é tão importante que ele se conte sua história, mas também que se inscreva num devir. Mas isso nem sempre acontece. Muitas vezes, o coletivo não reconhece o outro como humano, e, nesse caso, como disse Juarez Tadeu, "é muito cansativo atravessar a vida tendo que provar que se é gente", ou, como disse o jovem Felipe do Ceará no documentário *Nunca me sonharam* (2017), de Cacau Rhodem: "nunca me sonharam sendo um psicólogo, nunca me sonharam sendo professor, nunca me sonharam sendo médico, nunca me sonharam e não me ensinaram a sonhar".

Os jogos de identificação e desidentificação se mantêm operando ao longo da vida. É necessário que o coletivo pense cada um de nós como humano, que nos identifique como humano, e que cada um se identifique com o sofrimento do outro. É necessário acolher o outro na sua identidade, identificar-se com o outro. Mas, como afirma Pelbart (2018):

> *Simpatizar é simpatizar não só com o outro, mas com o seu movimento, com sua deriva, com seu devir, inclusive com o devir outro do outro, acompanhá-lo na sua movência, mesmo ali onde ele se livra dele mesmo, ou das amarras de sua identidade. (p. 55)*

No entanto, nos jogos de poder e dominação, não é isso que acontece; é assim que a humanidade tem convivido permanentemente com o racismo, o colonialismo, a misoginia e tantos outros processos em que o dominador, na sua cegueira, não reconhece sua semelhança com o dominado, não reconhece o dominado como um semelhante humano, não se identifica com o outro, eliminando qualquer vivência de empatia, dando ao outro um imenso trabalho para existir.

Roubar do outro sua humanidade é exigir-lhe um imenso trabalho psíquico para "sobreviver" e manter sua identificação com o humano. Mas é também abrir a porta a todo tipo de crueldade. A empatia nos protege. Acabada esta, desaparece a compaixão, e se abrem os caminhos da violência.

Estão sempre presentes na sociedade processos de desumanização; de retirada do humano de alguns ou de muitos sujeitos, os tornando "matáveis", nos termos de Agamben (2004), ou seja, convertem sua vida numa vida que o outro, o dominador, pode decidir que não merece ser vivida. Há as mulheres vítimas de feminicídio, que foram transformadas pelo agressor em objeto da propriedade masculina e, portanto, em objetos cuja vida e morte ele pode legislar. Há os indígenas assassinados na rua por jovens brancos. Há as vidas miseráveis de jovens negros mortos todos os dias sem justificativa ou julgamento nas favelas, e assim poderíamos mencionar muitos outros. Mas limito-me aqui a pensar em algumas "situações-limite" de retirada de humanos do mundo do humano para refletir sobre os efeitos subjetivos e as proteções da sobrevivência psíquica.

O que nos faz viver?

Se pensarmos no processo de humanização de que falei antes, da inserção da matéria biológica na cultura e no simbólico: o que nos faz viver? De onde surge o desejo de preservação da vida? Eu começaria a responder pela negativa. Diria que claramente não há uma continuidade entre a materialidade biológica e o desejo de vida, não há continuidade entre o desejo de viver, do instinto de vida e de autopreservação. Laplanche (1988) fala do "outro da autoconservação", que nos introduz na ordem simbólica da comunicação.

É preciso que um outro entre e introduza desvios nos caminhos marcados pelo biológico instaurando pulsão de vida. É preciso que o narcisismo e a sexualidade materna entrem para nos imaginar, sonhar e desejar.

O desejo de vida não segue uma linha direta da natureza, mas sim intermediada pelo outro e por seu amor, que instaura Eros. E passa pela construção de um "narcisismo de vida", no qual as pulsões de ego não derivam de uma autoconservação, mas sim da inscrição no eu do amor do outro, do desejo do outro de que a criança viva: "Para que o objeto fantasmático possa fazer ouvir o barulho da vida e a ação de Eros, é preciso que previamente o objeto de apoio tenha cumprido sua função" (Green, 2008b, p. 140).

No acontecer da vida, o que está na base de sua preservação tem a ver com o triunfo de Eros, dos caminhos pulsionais que se abrem a partir do que o outro inscreve em nós, ou seja, o lugar onde somos vistos ou não vistos, sonhados ou não sonhados, assim como da construção de uma visão maior de si como eu, como valioso, como humano. Nas palavras de Green (2010), "quando se trata do humano, a vida depende do amor" (p. 299).

Mas, no outro extremo, quando os processos de desumanização colocam alguém numa situação-limite, retirando o suporte necessário do lugar na humanidade, fazendo dessa uma "vida matável", como o psiquismo sobrevive? O que fica atacado no psiquismo e como ele se protege?

Acompanhemos a reflexão de três psicanalistas a partir de situações-limite e seus efeitos subjetivos.

Primeiro relato: Ana Berezin

Em 1994, em Buenos Aires, um atentado a bomba contra a Associação Mutual Israelita Argentina (Amia) deixou 85 mortos e cerca de 300 feridos. Um grupo de psicanalistas fez um trabalho com os sobreviventes para tentar amenizar os efeitos traumáticos dessa violência, que poderia derrubar-lhes o psiquismo. O trabalho visava a permitir a elaboração do trauma e do luto dos afetados diretamente e de seus familiares, mas também dos vizinhos e de instituições do bairro, e foi registrado pela colega Ana Berezin em seu texto "Vigías de la noche" (2003).

Procurando esclarecer o lugar do analista quando se trata de trabalhar com situações como essa, a autora nos remete a uma figura que retira de relatos de testemunhas do Holocausto: a figura do "vigia". Que figura era essa? Nos trens que transportavam judeus para os campos de concentração um dos prisioneiros era erguido pelos outros para que pudesse olhar pelo respiradouro, a dois metros e meio de altura, e contar o que via.

Os prisioneiros tinham necessidade de saber onde estavam, que terras atravessavam, quem as habitava. Entre os vigias, eram mais apreciados aqueles que se referiam com assertividade a um mundo verdadeiro, "um mundo que não era o do horror, mas que se entrelaçava ao mundo dos condenados por signos indecifráveis" (Berezin, 2003, p. 66).

Por exemplo, um relato como: "algumas mulheres estão reunidas junto à estação, nos olham de esguelha; uma tem nos braços uma criança que aponta para o vagão. Vou mostrar minha mão pela abertura". Ou seja, o vigia era alguém que estava na fronteira: registrava o que estava no mundo de fora, mas também deixava marcas nesse mundo de fora. Os condenados que estavam dentro do trem, perante esse relato, podiam pensar: "alguém guardará na memória e contará aos netos: eu vi os judeus passarem pela estação". Então, o vigia reinstalava uma circulação entre os dois mundos, o dos condenados e o dos livres; atravessava a fronteira entre o horror e a vida.

A autora propõe que, quando trata de situações traumáticas, o terapeuta, como o vigia, reconstrua a ponte entre aquele que sofreu o trauma e outros mundos possíveis, o que permitirá que o psiquismo continue seu trabalho, que o desejo volte a fluir, e que se possa novamente sentir e pensar a vida. É necessário que aquele que sofreu o trauma, colocado no lugar das vidas matáveis por desidentificação com o humano, possa pensar que o outro não é só aquele capaz de lhe tirar a vida, mas também aquele que poderá se identificar com seu sofrimento e identificá-lo como humano. Na intenção de reconstruir a ponte entre os dois mundos, a autora afirma: "penso que, se podemos acordar um relato compartilhado do vivido, essa será a ponte que ligará o mundo do traumático e o mundo da vida. Sabendo que ambos se copertencem, que nenhum é alheio ao outro" (Berezin, 2003, p. 67). E mais: que esse mundo de vida também gerou horror e morte.

Quero assinalar aqui alguns elementos que aparecem nesse trabalho, mas que iremos conectando também com a reflexão dos outros autores:

1. O contato entre os dois mundos, a necessidade de construir uma ponte entre o mundo do horror, da morte, e o mundo dos vivos.
2. A necessidade de passar da passividade à atividade, ou seja, de converter aquilo que se padecia passivamente numa experiência própria.
3. Processos que se põem em jogo, seja como desidentificação, seja como identificações, e que facilitam o exercício da crueldade. A autora conta que um jornalista da mídia televisiva deu a notícia do atentado dizendo: "morreram judeus e inocentes".
4. A necessidade de uma construção no coletivo, fundamental vaso de continência para a elaboração do traumático.

Segundo relato: Marcelo Viñar

Em coautoria com Marem Viñar, o psicanalista uruguaio Marcelo Viñar publicou em 1989 o livro *Exílio e tortura*, a partir do trabalho com exilados que sofreram tortura nas ditaduras latino-americanas.

Encontro nesse livro a seguinte narrativa:

> *Quando o caminhão militar dobrou a esquina, ele não se deu conta de que sua realidade mudava de estatuto. . . . Alguém havia lhe colocado o capuz e amarrado seus pulsos com arame. E aquele que o havia feito disse-lhe "você sabe, são ordens", o que situava a agressão e a indignação no registro humano do confronto entre dois homens. Ele não havia tomado consciência ainda de que o arame e o capuz o transformavam de homem em coisa, fazendo dele um embrulho.* (Viñar, 1992a, p. 21)

Levou um tempo, diz o autor, para ele reconhecer isso, mas o reconhecimento foi totalmente necessário para se situar, para poder habitar seu corpo "codificado como coisa" e "seu espírito onde não se é mais uma pessoa" (Viñar, 1992a, p. 21). Ou seja, reconhecer o lugar desumano onde se está sendo identificado é um elemento fundamental para a sobrevivência psíquica.

Num dos relatos do livro, a história do que vai acontecendo na subjetividade de um desses "desaparecidos", única identidade que lhes restara, vai mostrando o processo de "demolição" que a subjetividade vai sofrendo. Nessas situações de prisão e de tortura, se destroem as referências egoicas, não há mais marcadores de tempo ou de espaço; a pessoa se vê condenada à total solidão e em condições de vida sub-humanas. Mas se atacam também os ideais; aquilo que eram as lutas pela diminuição das injustiças virou, na fala do oficial que tortura, traição à pátria, sujeira, vagabundagem. Para Viñar (1992c), na experiência de tortura, podem-se distinguir três momentos: (1) a destruição de valores e convicções; (2) a desorganização do sujeito na relação consigo mesmo e com o mundo, a "demolição"; e (3) o tempo da resolução dessa experiência-limite.

É pelo caminho da destruição do corpo que se visa o caminho de demolição do psiquismo. Os torturadores aprenderam bem o que nos ensina a psicanálise, que é a partir das bordas do corpo que se constroem as bordas do eu.

Vimos como o psiquismo se constrói a partir do corpo, das montagens adaptativas e da satisfação das necessidades, que por seu desvio se constrói pulsão, que a partir da superfície do corpo se constrói o eu, que se constroem ideologia e ética a partir da dialética das relações corporais e dos laços eróticos primitivos que têm um papel estruturante. Essa primazia da relação do humano com o corpo faz que os ataques ao corpo sejam muito eficientes na destruição da subjetividade.

Como o psiquismo pode se proteger? Reconhecer que a agressão vem do exterior é fundamental para que se preserve a integridade do sujeito. A resistência está em continuar a ser alguém e ter um corpo. São conhecidos os rituais realizados por alguns sobreviventes dos campos de extermínio como forma de preservar a condição de humanidade; por exemplo, pegar uma pedra para simular um sabonete no momento da ducha. Mas essas são também formas de sentir que se tem um corpo e de reintroduzir uma situação de cuidado.

Diz Viñar (1992b):

> *A intensidade da dor física, a privação sensorial (obscuridade, capuz), a fratura de todo vínculo afetivo com o mundo pessoal amado desde sempre conduzem à solitária presença constante de um corpo dolorido,*

> *sofrido, desfeito, totalmente à mercê do torturador, que faz desaparecer toda presença que não seja a da experiência atual. (p. 47)*

Como na reflexão anterior, ligar os dois mundos aparece como uma estratégia importante para a sobrevivência psíquica. O mundo amado e investido e o buraco negro cheio de vergonha, humilhação, fezes e corpos mutilados, tudo vivido como um espaço incomensurável e um tempo eterno. Nesse espaço de pesadelo, se produzem a desorganização e a não diferenciação do interno/externo, e corre-se o risco de voltar a formas de relação primitivas.

Num dos casos narrados, nesse estado de demolição se apresenta uma bifurcação entre duas posições éticas: por um lado, colocar o torturador como objeto a admirar e amar, com sua eficácia, ordem e certeza, ou, por outro, reconhecê-lo como endêmico e tentar se separar da fascinação do outro. Ou seja, o caminho de Eros na ligação com o objeto presente é um caminho mortífero que só levaria ao desaparecimento do próprio sujeito, num movimento de alienação absoluta – um amor que tende a encobrir o terror.

Em tamanho desamparo, o único objeto presente – o torturador – pode se converter em objeto idealizado, objeto de investimento. Do outro lado estaria a tentativa de reinvestir na identidade anterior, ainda que ela deva permanecer na falta da presença. Ou seja, instala-se um conflito entre um vazio absoluto e uma crença cega no torturador. Essa crença cega se instala a partir do terror e do desamparo; procurando fugir desse desamparo, se fazem juntos dois movimentos: se imobiliza o tempo no presente e se junta ao torturador na fascinação. Pelo contrário, suportar o desamparo permite reconhecer que o agressor está no exterior e reabrir o tempo para outras presenças.

Nessas situações internas de demolição, não é raro que surjam alucinações nas quais se conversa com antigos amigos e companheiros, há encontros com familiares e conversas de conselheiros sobre como se comportar. Segundo Viñar (1992c), essas alucinações não podem ser entendidas como patologias, e sim na sua função protetora: a recriação de um espaço onírico que, por sua vez, dá atualidade às lembranças. É uma forma de recuperar a memória. As alucinações são, como coloca Freud (1989i), uma tentativa de diminuir o sentimento de desamparo, de suprimir a ausência do outro e o vazio criado pela ausência.

A alucinação torna o horror mais suportável, pois permite alguma ligação da energia desligada. Permite recuperar algo do mundo perdido, o mundo da vida. Permite repovoar o mundo mental reinscrevendo no próprio psiquismo "os outros e o lúdico". Ao mesmo tempo, de alguma forma, por meio do imaginário, o sujeito se reinsere no mundo de onde foi retirado para ser conduzido ao mundo desértico dos "desaparecidos".

Como no relato anterior, vemos que estabelecer uma ponte entre os dois mundos – agora pela alucinação – traz de volta algo do mundo vivido e recoloca o sujeito no mundo dos vivos, aparece como uma proteção importante do psiquismo. É como a passagem da total passividade a uma atividade psíquica, algo que surge como uma produção psíquica no lugar da total solidão e do vazio, algo da atividade identificatória que reinscreve o sujeito no mundo dos vivos.

Também são proteções do psiquismo o reconhecimento da possibilidade da morte e a consciência de que a própria vida está nas mãos do outro, ao contrário dos mecanismos de recusa ou denegação da morte, que levariam à própria morte psíquica. Nas situações-limite, recuperar o outro mundo através da memória, da alucinação ou de processos oníricos é fundamental para a sobrevivência.

Esses fenômenos permitem recuperar algo do fluxo do tempo e algo que, mesmo que seja um mínimo do tempo perdido, permite que se vislumbre algo do tempo futuro que se perde no "tempo morto", expressão com que Green (1975) se refere ao "tempo do traumático" (p. 153). Para o autor, no trauma doloroso, a dor parece ser ferozmente imóvel. Na compulsão da repetição, na tentativa de fazer um vazio no interior do psiquismo, se produz um "assassinato do tempo", prima um "antitempo" e, com isso, se desfaz a "trama simbolizante". Estamos então perante um "tempo morto", muito diferente do "fora do tempo" da "atemporalidade do inconsciente". Para que se possa antever algo do futuro, há que recuperar algo do passado, seja no sonho, na alucinação ou na lembrança.

Terceiro relato: Nathalie Zaltzman (1993-2009)

Desafiada pelos processos totalitários do século XX, Nathalie Zaltzman estudou o universo totalitário e concentracionário valendo-se da literatura concentracionária produzida a partir dos campos de Stalin e do nazismo, universo que, para ela, deve ser entendido a partir da "metapsicologia da pulsão de morte".

Sabemos que tiranos, ditadores, poderes absolutos de igrejas ou Estados povoam a história, mas, para a autora, a partir dos anos 1930, apareceram a céu aberto tanto a função de proteção do processo civilizatório frente às organizações totalitárias quanto seus fracassos.

Da vasta e densa produção conceitual da autora, recorto dois conceitos úteis para a reflexão que venho tecendo aqui, seguindo os dois eixos que me guiam, o das pulsões e dos destinos do eu.

Esses dois conceitos são o de "pulsão anarquista", no campo das pulsões, e o de "identificação sobrevivente", no campo dos caminhos do eu.

Zaltzman se move por algumas perguntas: como é possível sobreviver a uma experiência-limite? Em situações nas quais alguém está despossuído da condição de humanidade e convertido em mero objeto de extermínio, de onde surge a força para manter a vida? Quando se designa massivamente o outro como alguém que pode ser exterminado, quando o coletivo o considera matável, onde o eu encontra apoio narcísico para não perecer? Como alguém consegue sobreviver numa realidade que já o considera morto ou prestes a morrer? Como o indivíduo singular pode manter a integridade narcísica para se manter vivo?

É nesse contexto, na tentativa de dar alguma resposta a essas perguntas, que a autora constrói estes dois conceitos.

A pulsão anarquista

Seguindo a brecha aberta por Freud (1989b), que diz ser necessário dar visibilidade às manifestações da pulsão de morte que não são a manifestação patológica e a tendência à morte, Zaltman (1998) retrabalha o conceito a partir do funcionamento psíquico em situações-limite, sejam elas de natureza política ou relações mentais individuais, e postula que a ação de Thanatos nem sempre tem efeitos mortíferos e que a pulsão de morte não pode ser restrita à agressividade.

Os estudos das situações-limite mostram que o sujeito é desapropriado do seu "direito impessoal à vida", fundamentalmente as produzidas por totalitarismos destruidores. A morte lhe é colocada como única identidade possível: "vocês estão aqui para morrer"

– mandato imperante nos campos, apagando qualquer identidade singular. O primeiro capítulo de *A cura psicanalítica* (1998) chama-se "Perder o rosto".

Para a autora, nessas situações, as tentativas de saída pelo laço libidinal, pelos caminhos de Eros, cujo percurso é de anexação, só levariam à anulação da alteridade. Pelo contrário, o que permite sobreviver é a força de um fluxo que vem da pulsão de morte e que ela chama de "pulsão anarquista" (Zaltzman, 1994, p. 61).

A autora recupera a função de "individuação" da pulsão de morte, já que ela costuma circular pelos limiares, pelos graus de tolerância à frustração, pela privação, pela resistência ao esforço e situações em que deverá delinear os territórios dos limites intransponíveis. É função da pulsão anarquista encontrar uma saída quando o sujeito está encerrado num destino de morte.

Quando se propõe ao sujeito uma totalidade identificatória – "objeto de extermínio" –, quando o mandato de morte é muito forte, é necessário que se produza uma "desidentificação" do lugar que lhe é dado e a recuperação de uma identificação individual, de onde surgirá a força para sobreviver. É preciso que se quebre a identificação totalitária proposta para que se recupere alguma identidade singular. É a pulsão anarquista que exercerá a "resistência ao outro totalitário", que não permitirá que o sujeito se entregue à recusa ou à denegação da morte, o que o levaria à própria morte.

Nas situações-limite, a "vontade de viver" surge da própria ameaça de morte que lhe é imposta, e, portanto, reconhecer que ela existe é a primeira condição para sobreviver. Quando faltam outras razões, a "resistência à morte" pode se tornar a "razão de viver" (Zaltzman, 1994, p. 65).

A obstinação de sobreviver dá prioridade ao registro de necessidade sobre o do desejo. Normalmente, é o amor que nos salva: o laço libidinal, a ligação com o objeto; mas, nas situações-limite, a lógica parece se inverter. Quando há uma anulação da alteridade singular e alguém se torna refém da imposição totalitária, só uma "pulsão antissocial" terá o poder libertário para que o sujeito não se submeta à identificação maciça e recupere algo da singularidade.

A *identificação sobrevivente*

O segundo conceito que quero recuperar é o da "identificação sobrevivente".

Se até aqui acompanhamos Nathalie Zaltzman em suas colocações sobre a vida pulsional repensada a partir das situações-limite, vamos agora nos deter nos caminhos do ego e da identificação.

É nas experiências-limite que mais se revela a essência e a natureza do "trabalho da cultura", para usar a expressão freudiana, retrabalhada pela autora como amarração original do homem e da espécie humana naquilo que ela chama de "identificação sobrevivente".

Para Zaltzman (1998), o trabalho da cultura seria a instância de "lucidez psíquica", que, a partir da psicanálise, dá uma contribuição menos ilusória que o "superego civilizatório". É "um processo de elaboração intrapsíquico e transindividual da experiência de vida que modifica o desenvolvimento individual e a evolução do grupo humano", articulando indissociavelmente o destino individual e o coletivo, mesmo quando eles diferem na sua temporalidade, do curto espaço de tempo que é a vida humana a um tempo longo que transmite uma impressão de eternidade, que tange ao coletivo e à história da humanidade.

Segundo a autora, o trabalho da cultura é transgressivo em relação ao lugar da civilização, porque este último nega o "mal radical" na constituição psíquica e tenta se impor superegoicamente. O trabalho da cultura, pelo contrário, pretende uma transformação pelo conhecimento e pelo compartilhamento da dimensão da destrutividade – é pela via da dissolução de certos vínculos que a vida pode prosseguir, já que, para ela, o mal está no núcleo do psiquismo e é parte do material sobre o qual o "trabalho da cultura" fará surgir a singularidade.

De acordo com Zaltzman (1998), os processos identificatórios e o relato da história oferecem, ao indivíduo um "capital narcísico inicial", ou a certeza de existir para o outro, uma "garantia narcísica básica" que, segundo a autora, quando esse suporte coletivo se quebra, como acontece nos campos ou nos *gulags*, tem um "resto", uma "marca inconsciente" que se mantém, um elemento narcísico que não é de sua história erótica individual, mas sim do coletivo. O trabalho da cultura seria a garantia do "narcisismo inicial", a certeza de um "existir para o outro como humano". Os próprios processos civilizatórios, os relatos da história, fornecem a cada indivíduo um capital narcísico inicial, ou uma certeza mínima de existir para o outro como humano.

Como identificação de pertencimento à espécie humana, a "identificação sobrevivente" antecede qualquer relação de objeto. Isso desvela que os interesses da espécie podem constituir para o indivíduo uma força fundamental de "amor de si". Essa identificação retira sua força de uma participação direta de investimento num fim comum, indivisível.

O investimento de uma continuidade e um vir a ser da espécie constituem uma ancoragem narcísica. O coletivo inscreve o indivíduo como "não indiferente" aos destinos da coletividade. E, quando as reservas biológicas vão desaparecendo, ficam as razões de viver psíquicas. E como se daria essa passagem do psíquico ao corporal? Zaltzman se pergunta e responde: é uma forma de libidinização das necessidades corporais que não funciona como intrincamento erógeno, mas que adquire uma "valência libidinal direta".

Para a autora, essa destruição do "rosto" é uma dimensão de sofrimento que não pode ser pensada como um evento pessoal; não é uma violação do narcisismo individual – a ferida é de toda a humanidade e, portanto, só pode ser curada por um processo que abrange o coletivo.

Podemos ver que o desenvolvimento dos três autores tem pontos de aproximação e outros de distância, mas, no meu entendimento, todos aportam elementos significativos para pensar uma temática complexa como a que nos ocupa.

No primeiro e no segundo relato, têm importância a ponte entre os dois mundos, o do terror e o dos vivos, e o reconhecimento de que ambos são produtos do humano e ainda de que, se há os que os desumanizam, também há outros que os reconhecem como humanos. E a passagem da total passividade psíquica a uma atividade na produção psíquica, seja ela alucinatória, onírica ou ritualística, faz a função de ponte que recupera algo da memória e reinstaura algum fluxo do tempo, da memória ao devir.

Entre o segundo e o terceiro, podemos estabelecer algumas proximidades: a importância da não negação e da não renegação da morte e a importância do reconhecimento da agressividade como externa. É uma ameaça que vem de fora, e a resposta a ela implicará a "força da sobrevivência".

Também encontro proximidade no reconhecimento da necessidade de desidentificação com as identidades impostas, seja de morto, seja de objeto de extermínio desaparecido ou vagabundo, para recuperar algo da identidade singular, assim como no retorno do vínculo com o objeto para se retrair ao vínculo com o corpo e o mundo das necessidades.

Entre o primeiro e o terceiro, vejo a importância do coletivo e o reconhecimento de que a ferida é de muitos, com a correspondente importância do trabalho de memória coletiva ou do trabalho da cultura, para poder fazer algum processo de elaboração.

Penso que a diferença maior está na radicalidade com que Zaltzman coloca o trabalho da pulsão de morte, que realmente entendo que tem um lugar importante na quebra da identidade imposta pelo totalitarismo, identidade que desumaniza o sujeito. Mas penso também que, embora o trabalho de Eros, no sentido da ligadura no vínculo com o objeto nessa situação, possa ser mortífero – e há aí uma coincidência entre o segundo e o terceiro relato –, como ligação intrapsíquica, como trabalho de memória, de figurabilidade ou de produção onírica, ele recupera algo das presenças perdidas e do fluxo do tempo, e isso me parece igualmente importante.

Da perspectiva de quem vive processos de desumanização, penso que a função da pulsão de morte na sua "face transgressora" é importante, mas também o trabalho da pulsão de vida tem seu lugar no processo intrapsíquico de ligação. Agora, da perspectiva de quem desumaniza, acho, sim, que o império da pulsão de morte é total. Entendendo que ele age, no movimento "desidentificante do outro como humano", integralmente a partir da pulsão de morte.

E acrescento um conceito de André Green (2010) que me parece um bom apoio metapsicológico para pensar a questão. Para ele, a distinção feita por Freud entre "ligação" e "desligamento" como diferenciadores das pulsões de Eros e de Thanatos é insuficiente, já que, segundo ele, a própria pulsão de vida admite os dois tipos de função, enquanto a de morte só admite o desligamento. Para o autor, a função de ligação implica o intrapsíquico, ligação afeto/representação, pulsão/imagem, pulsão/representação, representação/representação, mas também a pulsão/objeto.

Ainda segundo Green, a função diferenciadora é o que ele chama de "função objetalizante", ou seja, que não se limita à ligação com o objeto ou à transformação do objeto, mas é também a possibilidade de "fazer que algo vire objeto", a possibilidade de "transformar as estruturas em objeto". Em suma, o importante é que o trabalho psíquico mantenha a "investidura significativa".

A pulsão de morte é "força de desinvestimento", por isso é desobjetalizante. Isso não pode ser confundido com o luto; pelo contrário, a "função desobjetalizante" é a forma mais radical de se opor ao luto. Este é central nos processos objetalizantes. Em "Luto e melancolia", Freud (1989d), fala na débil investidura de objeto.

Encontramos no desenvolvimento de Green um argumento que reforça a ideia que coloquei desde o início: a "desidentificação do humano" como eixo fundamental da crueldade: "quando a agressão não está a serviço das pulsões sexuais, ou seja, quando a pulsão de agressão não parece acompanhada de prazer", onde aparece uma "agressão pura", por assim dizer, a agressão recai sobre a desinvestidura libidinal do objeto. Dito de outra forma, isso corresponde ao que se pode observar como falta de reação de identificação com o objeto agredido. Ou seja, aí está, em primeiro lugar, a "indiferença" em relação ao que pode sentir o agredido. O resultado dessa desinvestidura é que o outro não é mais percebido como semelhante, e, portanto, pode ser considerado indiferente e tornar-se alvo de destruição sem culpa e às vezes sem prazer.

> ... *quando a destruição se pratica em grande escala, a desinvestidura se comprova facilmente, e pode-se dizer inclusive que, quando se trata de quantidade, a desinvestidura é o único meio de prosseguir a ação sem se deixar deter pela culpa. ... Esse tipo de destruição concebe o objeto como uma coisa. (Green, 2010, p. 304)*

O amor e o ódio juntos podem se opor à "indiferença".

Acompanhemos agora o desenvolvimento freudiano de alguns conceitos que estão nos fundamentos de todas essas colocações, ao menos do meu ponto de vista.

A problemática da agressividade e do ódio esteve presente no desenvolvimento freudiano desde o início, nos estudos sobre o sadismo, o ódio pelo estranho, a dominação etc.; no entanto, foi a experiência da guerra que colocou essa problemática mais no centro de sua reflexão. A separação radical entre o mundo do humano e o desumanizado mundo do terror se apresentou a Freud pela experiência da guerra; foi a Primeira Grande Guerra que o levou a fazer uma reflexão sobre o não humano no humano. Reconhecimento que ele próprio diz ter-lhe produzido uma "vivência de desilusão".

Seis meses depois do início da guerra, Freud (1989d) escreve o artigo "De guerra e morte, temas da atualidade". Perplexo perante o tamanho da destruição do patrimônio da humanidade, das inteligências claras e dos valores e da força do mal, declara sua desilusão. Desilusão pela forma como se esvaeceram as normas éticas estabelecidas para os indivíduos em cada uma das nações, necessárias a sua participação na "comunidade da cultura", normas que exigiam dos indivíduos restrições de interesses individuais e satisfações pulsionais. Supunha-se, disse ele, que os povos civilizados tivessem alcançado um entendimento suficiente do patrimônio comum, ou seja, da cultura como bem comum, e conseguido deixar de confundir o estrangeiro com o inimigo.

Na premissa de Freud, "o trabalho da cultura", como o trabalho do sonho ou do sintoma, é um trabalho sobre a pulsão, que permitiria que esta fosse contida e, com isso, que se preservassem os princípios éticos. Mas esse trabalho da cultura teria feito também com que o lugar do outro se transformasse e que não mais se confundissem estrangeiro e inimigo, ética essa que, segundo ele, precisa ser mantida para construir a "comunidade da cultura", ou seja, o bem comum.

Mas, chegada a guerra, e na medida em que o Estado não cumpre os tratados internacionais nem respeita as normas éticas, os indivíduos também não as respeitam, se entregam ao exercício brutal da violência, e a crueldade fica solta.

Na reflexão de Freud, em oposição à comunidade da cultura, a guerra destrói os laços comunitários. As pulsões primitivas, entre elas as de crueldade, agressividade e ódio, estão em todos, mas o "trabalho da cultura" age sobre o destino das pulsões egoístas e as converte em pulsões sociais. Para ele, é o erótico, com sua função de ligadura, que pode agir sobre as pulsões egoístas e reformulá-las. A ligação pelo erótico leva à comunidade da cultura como a guerra leva ao desligamento entre indivíduos, povos e nações.

Freud retoma o tema da guerra num texto de 1933, "Por que a guerra?" (1989a). Em sua troca de correspondência com Einstein, volta a reafirmar a oposição entre a cultura e a guerra e acrescenta mais um elemento: o da identificação. Afirma que, no jogo pulsional de vida e morte, no qual algumas ações se conjugam a outras contrárias, "surgem os fenômenos da vida", e devemos incluir também as identificações como um dos elementos que permitem manter coesa uma comunidade. Reafirma que tudo o que estabelece ligações de sentimentos entre os homens tem um efeito contrário às guerras e que os vínculos se estabelecem não só por terem o mesmo objeto de amor, e sim por caminhos de identificação.

Em suas reflexões sobre a guerra, Freud distingue dois mundos: o da paz e o do horror, onde as possibilidades identificatórias se quebram e se desata a crueldade humana. Mas os dois mundos são criados pelos homens, porque neles próprios há um inserido na civilização e um ser primitivo, violento, tomado por pulsões destrutivas.

O pensamento de Freud sobre dois funcionamentos opostos, de amor e ódio, mas também de ligação e desligamento, avança e chega ao âmago da teoria na reformulação da tópica em "Ego e o Id" (Freud, 1989e) e na da teoria das pulsões em "Mais além do princípio do prazer" (Freud, 1989f).

A primeira teoria pulsional se apoia na existência de duas grandes necessidades: a fome e o amor, o que o leva a postular as pulsões de autoconservação e as sexuais. A segunda teoria pulsional se apoia em dois grandes sentimentos, o amor e o ódio, e se formula nos termos de Eros e Thanatos. Ou seja, a destrutividade, presente desde o início, vira pulsão, está no âmago e divide o lugar de importância psíquica com a libido. A destrutividade pode ser endereçada ao exterior ou ao interior.

Em Freud, a destrutividade, na primeira tópica, estava no sadismo e na pulsão de dominação, que tentava o domínio sobre o objeto, e não sua destruição. Em 1920, ele postula que, na agressividade, uma parte da pulsão de morte vai para fora na forma de sadismo e outra parte se mantém no organismo, ligada à libido no masoquismo. Mas adverte: há que diferenciar a agressividade e a destrutividade muda da pulsão de morte.

Embora Freud se aproxime da segunda teoria das pulsões a partir do reconhecimento da existência de dois mundos que funcionam com duas éticas diferentes e de dois mundos psíquicos presentes no humano, é pela temporalidade diferente que ele pensa o funcionamento para além do princípio do prazer. Trata-se do conceito de "compulsão à repetição", uma forma de temporalidade do psiquismo que o levará, em 1920, a não poder sustentar a ideia de que o psiquismo sempre funcionaria no registro do prazer e na necessidade de descarga das intensidades não ligadas para evitar o desprazer.

Se o conceito de repetição já estava presente em seus desenvolvimentos desde 1914, ele vai aparecendo aos poucos como automatismo, como força demoníaca capaz de impor sua lei e sobrepor-se ao princípio do prazer, primeiro, como fenômeno clínico, no texto "Lo ominoso", de 1919 (Freud, 1989k), e como pulsão de morte em 1920, com o mesmo *status* que a libido, criando um "mais além", ou talvez fosse melhor dizer um "mais aquém" do princípio do prazer, já que, para que este possa funcionar, antes seria necessário ter algum domínio sobre o estímulo. Com isso, o princípio do prazer fica restrito a uma tendência limitada no seu acontecer pela força da repetição.

O mundo do traumático vai se descortinando para Freud com uma presença forte, justamente a partir da compulsão de repetição, capaz de produzir os sonhos traumáticos no espaço onírico, espaço privilegiado no desenvolvimento de Freud para mostrar a força do desejo, nos sonhos, como satisfação de desejos. Mas, agora, o espaço onírico se vê ocupado pela força da repetição, em que um elemento da realidade volta insistentemente, repetidamente, noite após noite, na tentativa de "dominar o estímulo" e sua força que inunda o psiquismo com seu excesso.

O mundo do traumático, diz Freud, é o mundo do terror, não do medo nem da angústia; a angústia antecipa o perigo e, nesse sentido, protege. É na necessidade de dominar o estímulo que se faz necessário o exercício de uma atividade: para tentar que algo se inscreva como lembrança. Nas psiconeuroses, diz Freud, volta-se às situações pela lembrança; em situações traumáticas, são elas que voltam pela repetição. Isso leva Laplanche a dizer que nas neuroses o sujeito está fixado no trauma, mas nas situações traumáticas o trauma está fixado ao sujeito e dele não larga. Ou seja, o jogo de atividade/passividade é diferente em ambos. Como vimos nos relatos acima, é fundamental recuperar o lugar da atividade psíquica.

Sonhos, alucinações, rituais, tentativas de reinscrever em si algo do mundo anterior e de reinscrever-se nele são caminhos de elaboração, de ligação, de memória.

A regressão é postulada por Freud como característica essencial das pulsões. No caso das pulsões sexuais, a regressão seria nos pontos de fixação no sintoma; na pulsão de morte, postula o retorno ao inorgânico, tendo como meta o zero de tensão. Hipótese difícil de sustentar. Mas, se pensamos nos relatos anteriores, parece que, nas situações limites, se faz necessário um retorno da ligação com o objeto para o lugar mais próximo do biológico, o mundo da necessidade. E, como diz Viñar (1992b), o importante é "continuar a ser alguém e possuir um corpo" (p. 51).

Finalmente, a ligação e o desligamento. Se, para Freud, Eros funcionaria no sentido da ligação e da possibilidade de fazer conexões e a pulsão de morte no sentido do desligamento, há afirmações interessantes no próprio desenvolvimento freudiano que eu gostaria de recuperar:

> *... o que os fenômenos clínicos como o sadismo e o masoquismo nos mostram é que consistem em mesclas dos dois tipos de pulsão; agora, quando as mesclas se desfazem, pode haver conseqüências sérias. . . . A pulsão de morte não pode estar ausente em nenhum processo vital ... da ação eficaz conjugada entre ambas, surgem os fenômenos de vida. (Freud, 1989h, pp. 97-99)*

Para finalizar, algumas palavras sobre o título. A frase "a vida quer viver" é de *A excêntrica família de Antonia*, um filme de 1995, e ficou gravada em mim nestes anos todos. Depois da Segunda Guerra Mundial, Antonia retorna a sua cidade natal, um pequeno vilarejo holandês, junto com sua filha, e durante cinquenta anos protagoniza uma história de quatro gerações de mulheres. No vilarejo, a violência, que certamente não se circunscreve às guerras, faz das mulheres seu alvo privilegiado. Isso nos serve para ver como as lógicas de desumanização funcionam no cotidiano de nossa vida, assim como as resistências a elas.

Condenadas ao lugar do silêncio, da submissão, do abuso e de objeto da violência machista nas suas piores formas, Antonia, sua filha, sua neta e sua bisneta vão enfrentando um a um os preconceitos de uma moral absurda que as desumaniza. A cada nova transgressão dessa moral mortífera que se lhes impõe, a vida parece cobrar força e abrir caminhos, na maternidade por escolha, no amor, na sexualidade com força desejante, na não submissão aos ataques. E, a cada passo, cada mulher parece retomar seu contorno. É um feminino singular, sem pacto nenhum com o totalitarismo que a moral coletiva lhes impõe. É a vida flui, e o fluxo do tempo acompanha sua leveza. Mas na vida como ela é, entrecruzada de vida e de morte, sucede-se uma série de vinganças, desgraças e mortes no vilarejo. Interrogada pela bisneta sobre a morte, Antonia olha para a frente e responde: "Tudo vai continuar, porque a vida quer viver..."

Referências

Gorris, M. (Dir.), & Cornelisse, G., Weers, H., & Wolf, H. (Prod.) (2017). *A excêntrica família de Antonia*. Holanda, Reino Unido, Bélgica.

Agambem, G. (2004). *Estado de exceção* (Vol. 1 e 2). São Paulo: Humanitas.

Aulagnier, P. (1990). *Um intérprete em busca do sentido*. São Paulo: Escuta.

Berezin, A. (2003). *Variaciones sobre clínica psicoanalítica*. Buenos Aires: Siglo Veintiuno.

Freud, S. (1989a). Análisis terminable y interminable. In S. Freud, *Obras Completas* (Vol. 23). Buenos Aires: Amorrortu. (Obra original publicada em 1937)

Freud, S. (1989b). Moisés y la religión monoteísta. In S. Freud, *Obras Completas* (Vol. 23). Buenos Aires: Amorrortu. (Obra original publicada em 1939)

Freud, S. (1989c). Nuevas conferencias de introducción al Psicoanálisis. In S. Freud, *Obras completas* (Vol. 22). Buenos Aires: Amorrortu. (Obra original publicada em 1933)

Freud, S. (1989d). ¿Por que la guerra? In S. Freud, *Obras Completa* (Vol. 22). Buenos Aires: Amorrortu. (Obra original publicada em 1933)

Freud, S. (1989e). El yo y el ello. In S. Freud, *Obras Completas* (Vol. 19). Buenos Aires: Amorrortu. (Obra original publicada em 1923-1925)

Freud, S. (1989f). Mas allá del principio del placer. In S. Freud, *Obras Completas* (Vol. 18). Buenos Aires: Amorrortu. (Obra original publicada em 1920)

Freud, S. (1989g). Lo ominoso. In S. Freud, *Obras Completas* (Vol. 17). Buenos Aires: Amorrortu. (Obra original publicada em 1919)

Freud, S. (1989h). De guerra y muerte: temas de actualidad. In S. Freud, *Obras Completas* (Vol. 14). Buenos Aires: Amorrortu. (Obra original publicada em 1915)

Freud, S. (1989i). Duelo y melancolía. In S. Freud, *Obras Completas* (Vol. 14). Buenos Aires: Amorrortu. (Obra original publicada em 1915)

Freud, S. (1989j). Tres ensayos de una teoría sexual. In S. Freud, *Obras Completas* (Vol. 7). Buenos Aires: Amorrortu. (Obra original publicada em 1905)

Freud, S. (1989k). Proyecto de una psicología para neurólogos. In S. Freud, *Obras Completas* (Vol. 1). Buenos Aires: Amorrortu. (Obra original publicada em 1895)

Green, A. (1975). *La diacronía en psicoanálisis*. Buenos Aires: Amorrortu.

Green, A. (2001). *El tiempo fragmentado*. Buenos Aires: Amorrortu.

Green, A. (2008a). *De locuras privadas*. Buenos Aires: Amorrortu.

Green, A. (2008b). *Orientações para uma psicanálise contemporânea*. Rio de Janeiro: Imago.

Green, A. (2010). *El pensamiento clínico*. Buenos Aires: Amorrortu.

Laplanche, J. (1988). *Problemáticas II: castração, simbolizações*. São Paulo: Martins Fontes.

Rhoden, C. (Dir.), Renner, E., Nisti, M., & Romeu, R. (Prod.) (2017). *Nunca me sonharam*. São Paulo: Maria Farinha Filmes.

Pelbart, P. P. (2018). Negros, judeus, palestinos: do monopólio do sofrimento. *Percurso 60*, 51-58.

Vinãr, M. (1992a). Um grito entre milhares: relatos de cárcere. In M. Viñar, *Exílio e tortura* (pp. 21-34). São Paulo: Escuta.

Vinãr, M. (1992b). Pedro ou a demolição: um olhar psicanalítico sobre a tortura. In M. Viñar, *Exílio e tortura* (pp. 35-52). São Paulo: Escuta.

Vinãr, M. (1992c). Pepe ou o delírio de herói. In M. Viñar, *Exílio e tortura* (pp. 53-62). São Paulo: Escuta.

Zaltzman, N. (1994). *A pulsão anarquista*. São Paulo: Escuta.

Zaltzman, N. (1998). *De la guérison psychanalytique.* Paris: Presses Universitaires de France.

Zaltzman, N. (2007). *L'esprit du mal.* Paris: Éditions de L'Olivier.

Zaltzman, N. (2018). Homo Sacer: o homem matável. *Percurso 60,* 11-20.

9. A investigação na formação continuada do psicanalista: especificidades e relatos de experiências[1]

Formação

No longo processo de formação, ou como prefiro denominá-lo, de construção de um analista, que não é somente um processo de aprendizado, mas também de transformação dele próprio – "uma mudança de estado", nas palavras de Enriquez (1994) – a análise pessoal ocupa um lugar central e será nela que se realizará a experiência do inconsciente, analisando também o desejo de ser analista, que pode tê-lo levado a iniciar sua análise ou surgido nela. A isto terá que se somar a clínica supervisionada com um analista mais experiente, lugar de construção de um pensamento clínico e também de localização dos pontos cegos que lhe dificultam o trabalho.

Assim como no ofício de um artesão, o ofício de um analista se transmite no corpo a corpo de quem escuta o sofrimento de um paciente e de quem é escutado no próprio sofrimento. Sua clínica

---

[1] Este texto foi apresentado no X Congresso da Federação Latino-americana de Associações de Psicoterapia Psicanalítica e Psicanálise (FLAPPSIP), 2019.

será também pensada a partir dos textos e das leituras; do texto freudiano no qual estão os fundamentos e dos múltiplos autores que, depois dele e no contemporâneo, enriquecem o pensamento sobre a clínica. Esse tripé, aceito por todas as instituições de formação, por mais divergências que elas tenham entre si em muitos pontos, se completa no entendimento de alguns pela escrita, fruto da investigação, e pela pertinência institucional, que permite o convívio com colegas, em que poderão circular os restos de transferência para serem elaborados, em que se poderá ter companhia para enfrentar as resistências à psicanálise, sempre existentes, e onde projetos de transmissão e intervenção serão possíveis.

Todos sabemos das grandes dificuldades que este processo de construção de um analista implica. De um lado, o analista se depara com a necessidade de se apropriar das heranças, pois os três pés da formação se iniciam de uma situação na qual o ideal está colocado em alguém.

Na análise, o analista – na estruturação narcísica da transferência – está colocado no lugar do suposto saber e isto é fundamental para que a análise funcione. Na supervisão, ela só será possível porque uma transferência existe com o supervisor; já no estudo teórico, o autor de referência é colocado no lugar de mestre. Nessas filiações necessárias, já que nenhum analista é auto-engendrado, um caminho de apropriação das heranças terá que passar pelo luto do Outro no lugar do ideal. Nesse processo os caminhos das identificações são fundamentais para construir o "mosaico identificatório" necessário para aprender o ofício, mas *a apropriação das heranças* é fundamental para construir-se como um analista singular. Ou seja, um processo de alienação faz parte do processo, mas dele tem de se sair fazendo *o luto do ideal*. Pode acontecer também dos processos de alienação se prolongarem nos dogmatismos, no seguimento cego a um mestre. Nesse sentido, entendo que o pluralismo nas instituições, assim como a inclusão dos múltiplos desenvolvimentos conceituais, são uma boa proteção aos dogmatismos (Alonso, 2011, 2014).

Investigação

Se de um lado o analista tem que se apropriar das heranças, ou seja fazer o luto do ideal para poder construir-se como analista singular, do outro encontrará o desafio de participar do desenvolvimento da psicanálise, na produção de conhecimentos, que é o objetivo da investigação e da escrita, como lugar da autoria.

Sabemos que a investigação em psicanálise durante muito tempo recebeu ataques importantes, alguns vindos do empirismo positivista, que sempre questionou a cientificidade da psicanálise, assim como a possibilidade da investigação em psicanálise argumentando a não possibilidade de verificação e comparação, e a não abrangência das grandes amostragens; mas também das próprias sociedades de psicanálise, que no medo de que se seguisse o caminho da racionalização, ou da contaminação pelo discurso universitário, muitas vezes se opuseram à investigação. Apesar disso, o trabalho de investigação em psicanálise se consolidou dentro do âmbito universitário e nas próprias associações de analistas.

Existem analistas que tentam avançar pelo caminho da pesquisa empírica, às vezes com aplicação de estatísticas aos discursos, com comprovação da eficiência ou métodos comparativos. Não tem sido esse o meu caminho nem o de muitos outros. Entendo que cada disciplina constrói seu método de pesquisa de acordo com seu objeto. Em nosso caso, se trata do psíquico, e fundamentalmente do psíquico inconsciente, em relação ao qual a escuta, a interpretação e a transferência são três operadores fundamentais e estão presentes não só no trabalho da cura como também da investigação. Esta transita num campo das lembranças e dos esquecimentos, dos nomeados e dos inomináveis, dos enigmas difíceis de decifrar e tem a singularidade como marca fundamental, sem que se confunda singularidade com pessoa ou indivíduo.

A pesquisa na psicanálise tem a clínica no seu fundamento, é a partir dela que se constrói teoria e metapsicologia, mas não por isto se restringiria à relação analista-paciente nem ao chamado caso clínico, já que existe a "clínica extramuros" e a escuta e interpretação certamente se desdobraram para outros campos.

Por outro lado, clínica e cultura estão sempre enlaçadas na investigação psicanalítica, é de sua própria especificidade, já que não há sujeito sem outro nem constituição subjetiva sem laço social. Freud trabalhou com as histéricas na clínica para aliviar o sofrimento neurótico, mas já em 1908 escrevia sobre o imaginário do feminino na modernidade e seus efeitos recalcantes presentes na base do sofrimento psíquico das mulheres de sua época. Seja na clínica restrita ou na extramuros, a escuta e a proximidade com o sofrimento se mantêm.

É especificidade da investigação psicanalítica, a implicação do analista e sua subjetividade, o que cria uma forma especial de relação sujeito-objeto, que faz com que na investigação na psicanálise não só se produza um conhecimento que amplia ou desdobra conceitos, mas que também produza uma mudança no próprio analista e portanto faça parte de sua construção. Além disso, na psicanálise descoberta e transformação acontecem ao mesmo tempo; o exercício da escuta psicanalítica numa entrevista, num grupo operativo ou numa roda de conversa já introduzem no campo alguma transformação.

Relato de experiências

No Departamento de Psicanálise do Instituto Sedes, existe um primeiro momento de formação sistemática, com seminários, supervisões individuais e grupais, e para quem desejar o aprimoramento na clínica social, além da formação continuada de seus membros em grupos temáticos. Foi nesta formação continuada que, em 1997, realizei uma convocatória entre os membros do Departamento para constituir um grupo de investigação que coordeno até hoje. Seu objetivo: trabalhar o amplo tema do feminino que abrange desde o "continente negro" até as fórmulas de sexuação; dos momentos fundamentais na vida das mulheres (gravidez, menopausa) até o feminino nos homens; da feminilização da cultura até os movimentos de luta em defesa das mulheres; todos eles abordados no cruzamento entre a clínica psicanalítica e os fatos sociais e culturais.

Tentando retomar os conceitos psicanalíticos e fazê-los trabalhar, respondendo às solicitações que as mudanças sociais e culturais e os impasses de nosso tempo nos colocam, denominei o grupo "O feminino e o imaginário cultural contemporâneo", e o apresentei como um grupo de investigação. Isso porque pensava que colocar o foco na produção de conhecimentos novos poderia ter efeitos importantes na construção dos analistas, ao favorecer a circulação dos lugares de saber e de autoria, que muitas vezes ficam muito cronificados nos chamados grupos de estudo, criando também condições para a escrita. No "imaginário" do nome ressoava o pensamento de Castoriadis.[2]

---

[2] O pensamento do filósofo grego-francês Castoriadis foi fonte importante daqueles que trabalham no sentido da desnaturalização das sexualidades e subjetividades. Seu conceito de "imaginário social" foi muito fértil para pensar tanto a criação da instituição social, como suas mudanças, descontinuidades e rupturas. Imaginário, não no sentido de "imagem de", e sim criação incessante

As configurações das pesquisas realizadas foram variadas, algumas em parceria com instituições (hospitais, fundações), outras em cruzamentos com a arte ou a literatura, ou também a partir das clínicas particulares dos próprios investigadores. As metodologias também variaram: entrevistas, grupos, rodas de conversas, análise do material midiático. Mas me interessa neste momento centrar a reflexão em dois pontos presentes em todas elas: 1) nas pesquisas não fizemos "psicanálise da cultura", mas sim uma interlocução com as mudanças culturais e o imaginário social que nos solicitaram o retrabalho, ampliação, questionamento ou reafirmação de alguns conceitos psicanalíticos. Nos levaram também a reencontrar certos postulados metapsicológicos que cobram maior importância quando estudados a partir de apresentações clínicas novas. Não reconhecer as mudanças dos lugares sociais e dos imaginários culturais, assim como seus efeitos na subjetividade, pode levar-nos a tratar como essências biológicas formas que são efeito de condições históricas, assim como deixar teorias petrificadas nos seus pontos cegos; 2) todas as pesquisas nos confrontaram com diferentes faces da violência, o que nos permitiu ver o tamanho e o grau de disseminação das violências de gênero que atravessam permanentemente o tema.

Nos anos 1990, momento no qual algumas figuras tinham muita presença na clínica, como a anorexia e a bulimia, assim como marcas corporais como tatuagens e piercings, vimo-nos convocados a estudar o corpo na contemporaneidade. Corpos que tem uma presença permanente nas conversas e na mídia, que marcam sua presença com o tamanho, o corpo imenso do obeso ou o cadavérico da anoréxica, corpos afirmados na sua carnalidade, sua

---

social e psíquica. "Magma" de significações imaginárias que determinam a forma de pensar, desejar e sentir dos indivíduos. Imaginário que se encama nas instituições que através dos seus discursos possibilita ou restringe as ações dos sujeitos.

materialidade, em luta contra um ambiente de muito consumo e pouco desejo.

Onde encontramos as violências? Nos corpos submetidos ao "ideal de perfeição", que se impõe sobretudo às mulheres e que as deixa submetidas à tirania das dietas, das plásticas, do apagamento das marcas deixadas pela passagem do tempo, mas também corpos tomados pelo excesso que precisam se marcar para ter algum contorno, ou às vezes a ter que inscrever no corpo algo da subjetividade na tentativa de estabelecerem uma imagem que estabilize. Corpos perfeitos capturados pela mídia no lugar de fetiche que vende qualquer objeto. Corpos denunciados na arte, o que levou alguns dos participantes do grupo[3] a conversar com a obra de Orlan, artista multimídia francesa que com suas cirurgias-performances, "óperas cirúrgicas", fazendo dos cenários cirúrgicos, cenários complexos nos quais músicos e poetas entram para intervir no processo, sendo tudo registrado em vídeo e transmitido para o mundo. Com essas performances, Orlan tenta retomar alguma participação que a retire da objetalidade e passividade, bem como experimentar outras formas de ser, ser em pele estrangeira perseguindo as moradas da identidade, brincando com as certezas identitárias (Breyton et al., 2002).

Corpos contemporâneos que transitam permanentemente pelas dialéticas do limitado/ilimitado, completo/incompleto, finito/infinito; cenário que levou uma das pesquisadoras a ir atrás da "estética da magreza", presente no mundo glamourizado da moda e das modelos, e que tem seu reverso na melancolia do corpo anoréxico que denuncia os lutos não feitos do familiar e do social, para tecer alguns cruzamentos entre estes corpos e a arte minimalista. Arte esta que denuncia a história recente se despojando das marcas

---

[3] Participantes da pesquisa sobre o "Corpo no Contemporâneo": Danielle Breyton, Elaine Armenio, Julia Catunda, Paula Francisquetti e Renata Puliti.

da história, levando a pesquisadora a perguntar-se: será que a estética da magreza não seria a versão minimalista dos corpos que denunciam o repúdio do legado histórico? Será que as anoréxicas nos seus corpos cadavéricos não fazem uma espécie de performances dos sobreviventes dos campos de concentração? (Armênio, 2008).

Os conceitos psicanalíticos que precisaram ser retrabalhados a partir destas pesquisas foram: o traumático, o irrepresentável e o inominável. Conceitos freudianos, mas que quando se tratava das neuroses clássicas não tinham tanto destaque e que foram adquirindo um lugar central a partir da presença de novas patologias.

A década de 1990 foi um momento em que a questão da reprodução assistida começou a ser muito discutida pelos psicanalistas. O tema da maternidade e da reprodução, centrais nos estudos da sexualidade feminina, sofreram efeitos importantes com a introdução da reprodução assistida, que separou radicalmente a sexualidade da reprodução. Controvérsias surgiram entre os analistas, entre aqueles que viam nela um recurso importante para a realização do desejo de ter filho e aqueles que viam nesta posição uma recusa da castração e de não aceitação dos limites do corpo, dando lugar a uma produção bibliográfica importante sobre o tema.

Motivadas por esse debate, três analistas do grupo resolveram se aprofundar nos efeitos subjetivos das técnicas da reprodução assistida. Realizamos uma parceria com o Centro de Referência de Saúde da Mulher do Hospital Perola Byngton, único hospital que realiza estes procedimentos de forma totalmente gratuita. A pesquisa de campo durou dois anos e as pesquisadoras[4] além de participarem das reuniões da equipe médica, realizaram um trabalho com grupos operativos de casais no tempo de espera entre o

---

4 Participantes da pesquisa sobre "Reprodução assistida": Danielle Breyton, Helena Albuquerque e Verônica de Melo.

diagnóstico e o início dos procedimentos, que dura em média dois ou três anos (Breyton et al., 2008).

Onde as investigadoras se encontraram com a violência nesse trabalho? No lugar de passividade e no silêncio ao qual as mulheres eram submetidas durante todo este período, tendo que se haver sozinhas com as angústias despertadas por todo o processo, angústias estas que não tinham lugar nenhum nos procedimentos médicos. Mas também na violência da mídia, que prometia paraísos, sendo muito duro lidar com a frustração perante a realidade.

Esta investigação, depois do trabalho de campo no hospital, foi se desdobrando em outros nos quais os cruzamentos de discursos, não só o médico, foram se dando e as violências apareceram cada vez com maior intensidade. Uma parte da investigação foi sobre a história de um dos pioneiros da reprodução assistida no Brasil, médico conhecido como o "papa" da reprodução assistida, que durante muito tempo escondera sob o êxito e o glamour crimes terríveis que cometia, desde estupros até manipulação de material genético. Não foi objeto desta investigação a perversão do médico e sim a reflexão sobre os discursos imperantes na cultura que permitiram que o seu reinado fosse tão longo, ou seja, o que as pesquisadoras estudaram é como o machismo arraigado nas instituições médicas e jurídicas permitiu o que aconteceu (Breyton et al., 2016).

A pesquisa se debruçou sobre os mecanismos psíquicos, sociais e culturais que construíam a trama de sustentação desta situação; mas também sobre o lugar de passividade na qual as mulheres estão colocadas, o que fez com que as denúncias tardassem a ser feitas, e quando eram feitas os discursos jurídicos só reforçavam o lugar de poder do médico e a desqualificação da fala das mulheres, criando uma corrente de denuncias silenciadas, perdidas, escondidas, *habeas corpus* que iam reforçando o poder dos médicos e a impotência e desamparo das mulheres – que sobre o trauma do abuso eram retraumatizadas pela situação de impotência. O silenciamento age como forma de controle e de poder, e só se juntando entre elas conseguiram sair de um lugar objeto e voltar a ocupar o lugar de sujeitos que defendem seus direitos.

Em relação aos efeitos desta investigação sobre os conceitos psicanalíticos, fomos levados a questionar o conceito de instinto maternal – tão presente nos estudos sobre o tema – mostrando como não dá para reduzir o lugar de filho ao lugar de falo; e a fazer um necessário trabalho de desnaturalização e recuperação da história de figuras como da maternidade como fruto da modernidade e não presença eternizada.

O silenciamento das mulheres, como forma de dominação, apareceu também com clareza em outra das investigações realizada pelo grupo, sobre a gravidez na adolescência numa comunidade carente de São Paulo. Esta foi realizada a pedido da Fundação Cruz de Malta,[5] que faz atendimento médico voltado à saúde da mulher. Nesta investigação não se realizaram grupos e sim entrevistas individuais na hora da consulta ginecológica. Vários tipos de silêncios estavam impostos, como o exigido pelas mães das filhas adolescentes sobre a sexualidade, na crença de que "se não fala não acontece"; este se juntava ao silêncio imposto pelos narcotraficantes em troca de algum amparo, em vidas de extremo desamparo produto de um Estado que, ao invés de proteger as populações mais pobres as deixa livres à própria sorte, somando-se ao silenciamento exigido nos abusos de poder sobre seus corpos e suas vidas, já desde os abusos sexuais no próprio contexto familiar. Os abusos das forças policiais, que entram nas comunidades para destruir, matar e estuprar somam-se ao desamparo psíquico e o da vulnerabilidade social.

---

5 Participantes da pesquisa sobre "Gravidez na adolescência": Ana Carolina V. Paula Santos, Lia França Lourenço Sampaio, Roberto Vilaboim, Therezinha Prado de Andrade Gomes.

O silenciamento se faz presente também nas escolas, que uma vez grávidas as adolescentes sofrem tentativas de exclusão, como para deixar de fora esses corpos de meninas com barrigas grandes, que parecem ser testemunhas daquilo que quer ser silenciado.

Freud em resposta à carta de Einstein, "Por que a guerra?" (Freud, 1932), concorda com o nexo entre *direito* e *poder* e se autoriza a substituir a palavra *poder* por *violência*, por ser "mais dura e estridente", afirma Freud; ele diz também que "direito e violência são hoje opostos para nós" (p. 188); para em seguida refletir sobre como na história, os conflitos de interesses entre os homens foram solucionados por meio da violência. Seja pela força bruta ou intelectual, mas a violência do um, que pode ser quebrantada pela força da união, que leva ao direito, o poder da comunidade. Na admissão de interesses comuns se estabelece entre os membros do grupo *os sentimentos comunitários*. Além da ligação pelo Eros, se produz também a ligação pela identificação, mas como a comunidade inclui elementos de poder desigual como homens e mulheres, pais e filhos, amos e escravos, o direito se converte na expressão de desiguais relações de poder que se expressam nas leis.

Se, como Freud afirmava, a forma de mudar essa oposição poder/direitos é pelo poder do coletivo que se une pelo Eros e pelas identificações, no campo das violências de gênero, a construção de um coletivo que lute pela recuperação para as mulheres dos direitos que lhe foram desapropriados pela estruturação social patriarcal, tem uma longa história; as *ondas feministas*, vem tentando recuperar direitos à educação, à propriedade, à herança, ao divórcio, ao voto, ao trabalho, à vida e ao lugar de sujeito. Direitos parcialmente conquistados e muitos deles ainda a conseguir, muito embora o número de feminicídios (mortes por questões de gênero), estupros, abusos e violências familiares são imensos.

É sobre este tema que o nosso grupo vem focando no último ano sua investigação, *Feminismos em trânsito* (2021). Com rodas de conversas com mulheres de idades diferentes, no intuito de observar as diferenças entre o discurso das várias gerações e com o acompanhamento destes em quatro veículos da mídia, dois da mídia impressa e dois da digital, pretendemos nos aprofundar na forma pela qual estes discursos se organizam atualmente, concordando com Luce Irigaray (2017) na ideia de que não adianta reivindicar uma fala sobre a mulher na continuidade do discurso masculino que a colocaria como um outro invertido, mas sim uma mudança na própria estrutura discursiva.

Algumas outras questões, colocadas atualmente no campo, nos guiam nesta pesquisa. Trata-se, por exemplo, de que muitos autores, filósofos e psicanalistas, questionam atualmente a lógica das identidades, entendendo que as categorias binárias apagam a complexidade do real, ao mesmo tempo reconhecem que o apoio à luta das mulheres, assim como de outras minorias, continua sendo politicamente fundamental neste momento civilizatório.

Como conciliar as duas coisas? As mulheres sofrem violências terríveis no Brasil e no mundo, a quantidade de estupros, abusos, violências domésticas, são assustadoras e lutar contra estas violências é fundamental, além de reconhecer que elas são os efeitos bizarros da estrutura social patriarcal. Porém, não justifica colocar as mulheres como "vitimárias", termo usado por Badinter (2005), ou seja, voltar a naturalizar as coisas como se o status de vítima fosse uma espécie de essência da mulher, ou da mesma forma colocar a dominação masculina como se fosse a substância definidora do masculino e não um produto da cultura. Como defender leis que as protejam das violências realmente existentes, sem infantilizá-las ou fazer sobre elas uma imagem de fragilidade? Como retirá-las do lugar de meros objetos do desejo masculino, no caminho da apropriação do próprio desejo, sem fazer um esvaziamento da sexualidade que conduza a uma sociedade melancólica ou uma verdadeira paranoia sexual? Depois de tudo, a psicanálise, com a sua teoria sobre a sexualidade, abriu brechas no imaginário sexual da época ajudando as mulheres e, portanto, o que a psicanálise tem a dizer sobre tudo isso?

No meio de tantas interrogações, vou finalizar com duas afirmações: 1) como os processos de apassivação e de silenciamento têm sido o marco no qual as violências se efetivaram. A psicanálise, com o instrumento da escuta, tem certamente um lugar importante no trabalho de resistência; 2) o trabalho de investigação, ou seja, aquele que foca na tentativa de avanço do conhecimento, tem se mostrado muito fértil no processo interminável de construção de um analista.

Referências

Alonso, S. (2014). A construção do analista. In M. Selaibe & A. Carvalho (Orgs.), *Psicanálise entrevista 1* (pp. 321-339). São Paulo: Estação Liberdade.

Alonso, S. (2011). *O tempo, a escuta, o feminino*. São Paulo: Casa do Psicólogo.

Alonso, S., Breyton, D. M., & Campos, M. R. B. de (Orgs.). (2022). *Feminismos em trânsito*. São Paulo: Zagodoni.

Armêmio, E. (2008). A estética da magreza. In S. Alonso, D. Breyton & H. Albuquerque (Orgs.), *Interlocuções sobre o feminino na clínica, na teoria, na cultura* (pp. 110-121). São Paulo: Ed. Escuta.

Badinter, E. (2005). *Rumo equivocado: o feminismo e alguns destinos*. Rio de Janeiro: Civilização Brasileira.

Breyton, D., Armenio, E., Catunda, J., Franscisquetti, P., & Puliti, R. (2002). O corpo: campo de batalha contemporâneo. In S. Alonso, A. Gurfinkel & D. Breyton (Orgs.), *Figuras clínicas do feminino no mal-estar contemporâneo* (pp. 65-77). São Paulo: Escuta.

Breyton, D., Albuquerque, H., & Melo, V. (2008). Reprodução nos tempos das novas tecnologias. In S. Alonso, D. Breyton & H. Albuquerque (Orgs.), *Interlocuções sobre o feminino na clínica, na teoria, na cultura* (pp. 253-261). São Paulo: Escuta.

Breyton, D., Albuquerque, H., & Melo., V. (2016). Ciência, religião e perversão no caso Roger Abdelmassih. In S. Alonso et al. (Orgs.), *Corpos, sexualidades, diversidade* (pp. 89-97). São Paulo: Escuta.

Enriquez, M. (1994). Forma-se um analista. *Revista Percurso* (12), 12-20.

Freud, S. (1932) ¿Por qué la guerra? In S. Freud, *Obras Completas* (Vol. 22, pp. 179-198). Buenos Aires: Amorrortu.

Irigaray, L. (2017). *Este sexo que não é só um sexo: sexualidade e status social da mulher*. São Paulo: Senac.

Série Psicanálise Contemporânea

Adoecimentos psíquicos e estratégias de cura: matrizes e modelos em psicanálise, de Luís Claudio Figueiredo e Nelson Ernesto Coelho Junior

O brincar na clínica psicanalítica de crianças com autismo, de Talita Arruda Tavares

Budapeste, Viena e Wiesbaden: o percurso do pensamento clínico-teórico de Sándor Ferenczi, de Gustavo Dean-Gomes

Clínica da excitação: psicossomática e traumatismo, de Diana Tabacof

Do pensamento clínico ao paradigma contemporâneo: diálogos, de André Green e Fernando Urribarri

Do povo do nevoeiro: psicanálise dos casos difíceis, de Fátima Flórido Cesar

Em carne viva: abuso sexual de crianças e adolescentes, de Susana Toporosi

Escola, espaço de subjetivação: de Freud a Morin, de Esméria Rovai e Alcimar Lima

Expressão e linguagem: aspectos da teoria freudiana, de Janaina Namba

Fernando Pessoa e Freud: diálogos inquietantes, de Nelson da Silva Junior

O grão de areia no centro da pérola: sobre neuroses atuais, de Paulo Ritter e Flávio Ferraz

Heranças invisíveis do abandono afetivo: um estudo psicanalítico sobre as dimensões da experiência traumática, de Daniel Schor

Histórias recobridoras: quando o vivido não se transforma em experiência, de Tatiana Inglez-Mazzarella

A indisponibilidade sexual da mulher como queixa conjugal: a psicanálise de casal, o sexual e o intersubjetivo, de Sonia Thorstensen

Interculturalidade e vínculos familiares, de Lisette Weissmann

Janelas da psicanálise: transmissão, clínica, paternidade, mitos, arte, de Fernando Rocha

O lugar do gênero na psicanálise: metapsicologia, identidade, novas formas de subjetivação, de Felippe Lattanzio

Os lugares da psicanálise na clínica e na cultura, de Wilson Franco

Metapsicologia dos limites, de Camila Junqueira

Os muitos nomes de Silvana: contribuições clínico-políticas da psicanálise sobre mulheres negras, de Ana Paula Musatti-Braga

Nem sapo, nem princesa: terror e fascínio pelo feminino, de Cassandra Pereira França

Neurose e não neurose, 2. ed., de Marion Minerbo

A perlaboração da contratransferência: a alucinação do psicanalista como recurso das construções em análise, de Lizana Dallazen

Psicanálise e ciência: um debate necessário, de Paulo Beer

Psicossomática e teoria do corpo, de Christophe Dejours

Relações de objeto, de Decio Gurfinkel

Ressonâncias da clínica e da cultura: ensaios psicanalíticos, de Silvia Leonor Alonso

Sabina Spielrein: uma pioneira da psicanálise – Obras Completas, volume 1, 2. ed., com organização, textos e notas de Renata Udler Cromberg

Sabina Spielrein: uma pioneira da psicanálise – Obras Completas, volume 2, com organização, textos e notas de Renata Udler Cromberg

O ser sexual e seus outros: gênero, autorização e nomeação em Lacan, de Pedro Ambra

O tempo e os medos: a parábola das estátuas pensantes, de Maria Silvia de Mesquita Bolguese

Tempos de encontro: escrita, escuta, psicanálise, de Rubens M. Volich

Transferência e contratransferência, 2. ed., de Marion Minerbo